Über 300 MIX Rezepte für Ihre Bar

COCKTAILS
DEUTSCH & ENGLISCH
DEUTSCH
Spirituosen & Bar-Lexikon

Absinth: Aromatisiertes Kräuterdestillat.
Abspritzen: Einen abgeschälten Streifen (unbehandelte) Zitronen,- Limonen- oder Orangenschale über dem Cocktail zusammendrücken, bis ein paar Spritzer Schalen Öl hinein tropfen. Die Schale wird danach meist mit in den Drink gegeben.
Aguardiente de Cana:
"Lebenswasser" aus Cana (=Zuckerrohr).
Siehe auch: Cachaca.
Amaretto:
Mandellikör aus Italien der aus Mandeln oder dem inneren von Aprikosen- Kernen hergestellt wird.
Daneben enthalten die meisten Amaretti außerdem Vanille und andere Gewürze.
Amaro:
Italienische Bezeichnung für eine Gruppe verschiedener Kräuterbitter.
Amer Picon:
Französischer Mix Likör zum Mixen mit Bier (Amer Biere) oder Wein (Amer Club).
Angostura:
(Aroma Bitter) Würzbitter, der in der Stadt Angostura in Guyana (Karibik) erfunden wurde und nur tropfenweise zum Aromatisieren verwendet wird.
Angostura / Orange

Anisados:
In Spanien sehr beliebte Anis - Liköre; es gibt sie dulce oder secco, also mit mehr oder weniger Alkohol.
Anisette:
Klarer französischer Anis-Likör mit einem Alkoholgehalt von 25 bis 40 % Vol.
Von Marie Brizard um die Mitte des 18. Jahrhunderts erfunden.
Aperitif:
Spirituose oder Cocktail.
Wird vor dem Essen getrunken, um den Appetit anzuregen. Das Wort ist vom französischen Adjektiv "Aperitif" bzw. "Aperitife" (appetitanregend) abgeleitet und hat seine Wurzeln in dem lateinischen Wort "aperire", was schlicht "öffnen" bedeutet.
Aperol:
Ein beliebtes italienisches Aperitif, dass auch in Cocktails verwendet wird. 1919 kam er erstmals auf den Markt. Aperol wird aus Rhabarber, Chinarinde, aromatischen Kräutern, Enzian, Bitter Orangen und Alkohol hergestellt.
Apricot Brandy:
Aprikosen-Likör.
Aquavit:
Vom Lateinischen Aqua vitae, Lebenswasser, abgeleitet. Aqavit ist eine klare bis goldgelbe Spirituose auf der Basis von Kümmel. Mindestalkoholgehalt von 37,5 % Vol.
Armagnac:
Der älteste französische Weinbrand stammt, wie auch der Cognac aus einem genau begrenzten Anbau- und Produktionsgebiet. Armagnac gleicht in seiner Feinheit und hohen Qualität dem Cognac.
Arrak:
Destillat aus Reis und Zuckerrohr. Wird häufig zum Aromatisieren von Süßspeisen verwendet und kommt in Cocktails nur selten zum Einsatz.

Averna:
Italienischer Bitter-Aperitif aus ca. 60 verschiedenen Kräutern, Wurzeln und Fruchtschalen.
Baileys:
Markennamen eines irischen Sahne Likörs aus irischem Whiskey und Sahne.
Barlöffel / BL:
Das Maß entspricht genau einem Teelöffel. Der Barlöffel ist ein langstieliger Löffel, der auch zum Rühren im hohen Rührglas geeignet ist.
Batida de Coco:
 Kokosnuss Likör
Bénédictine:
D.O.M Bénédictine.
Der französische Kräuterlikör wird heute noch von Mönchen hergestellt, die mit dem D.O.M. (Abkürzung für Deo Optimo Maximo) ihrem Schöpfer danken.
Bitter Branntweine:
Bittere Kräuterschnäpse mit verschiedenen Kräuterauszügen.
Bitter Liköre:
Im Gegensatz zu den Bitter Branntweinen wird das intensive Aroma der Kräuterauszüge durch Zusatz von Zuckersirup entkräftet.
Blended Scotch: Whisky aus Grain- Whisky, der mit einem oder mehreren Single-Malt-Whiskys verschnitten wird.
Marken: Ballantine,s oder Johnnie Walker Red Label.
Blue Curacao:
Mit Farbstoff blau gefärbter Orangenlikör.
Daneben gibt es auch gelben, roten, grünen und goldenen Curaçao.Als Triple Sec bezeichnete Curaçao-Liköre weisen einen höheren Alkoholgehalt auf.
Blue-Curacao-Sirup:
Blaues Zuckersirup mit feinem Orangenaroma.
Bourbon:

Amerikanische Whiskey Sorte
Brandy de Jerez:
Spanischer Wein- Brand aus der Heimat des Sherry.
Cachaca:
Brasilianisches Destillat aus Zuckerrohr.
Calisay:
Kräuter- und Bitter Likör aus Spanien
Calvados:
Französischer Apfelschnaps aus der Normandie, im Fass gereift. Er muss, wie der Cognac, zweimal destilliert werden, und zwar auf etwa dieselbe Stärke (72% Alkohol). Verkauft wird er in einer Stärke zwischen 40 und 50%, nach mindestens einjähriger Lagerung.
Campari:
Siehe - Italienischer Bitter Aperitif
Chambery:
Französischer Vermouth.
Chartreuse:
Kräuter- und Bitter Likör aus Frankreich, in den Farben Gelb und Grün erhältlich.
Cherry Brandy:
Kirschlikör
Cidre/Cider:
Französische / englische Bezeichnung für Apfelwein. Aus Cidre wird Calvados gebrannt.
Coco Ribe:
Kokosnuss Likör
Cognac:
Französischer Weinbrand
Cointreau:
Fruchtaroma Likör aus Pomeranzen, Orangenschalen und Cognac.
Creme de Bananes:
Bananenlikör
Creme de Cacao:

Kakao Likör
Creme de Cassis:
Johannisbeeren Likör
Creme de Fraises:
Erdbeeren Likör
Creme de Framboises:
Himbeerlikör
Creme de Menthe:
Pfefferminz Likör
Creme de Noyaux:
Nuss Likör
Creme de Rose:
Rosenlikör
Creme de Yvette:
Veilchenlikör
Curaçao:
Orangenliköre, die nach der Insel Curaçao benannt sind. Ursprünglich werden diese Liköre aus den Schalen einer auf der Insel heimischen Pomeranzen-Sorte hergestellt.
Curaçao Triple Sec:
Stärkere und trockene Version des normalen Curaçao.

Dash / Dashes:

Barausdruck für Spritzer (z. B. Zitronensaft). Kleinstes Barmaß.
Digestif:
Spirituose oder Cocktail - wird nach dem Essen getrunken.
Drambuie:
Schottischer Whisky-Likör mit einem Alkoholgehalt von 40 % Vol.
Dubonnet:
Französischer Aperitif Wein, mit Kräutern aromatisiert.
Eau-de-vie:
Lebenswasser, französische Bezeichnung für Obstbrände und weiße Spirituosen.
Fernet:

Italienische Bitterspirituose. Bekannte Marke ist Fernet Branca.

Galliano:
Kräuter- und Bitter Likör aus Italien.

Genever:
Siehe - Gin

Glayva:
Schottischer Whisky Likör dem eine alte Whisky-Rezeptur zugrunde liegt. Mandeln aus Brasilien, Orangen aus Sevilla, sowie einer Mischung aus Kräutern und Gewürzen.

Grand Marnier:
Orangenlikör aus Frankreich.

Grappa:
Aus Italien stammender Trester Brand.

Grenadine / Grenadine Sirup:
Dunkelroter Granatapfelsirup.

Irish Mist:
Irischer Sahne Likör

Kahlua:
Kaffeelikör

Licor 43:
Spanischer Kräuterlikör

Longdrink:
Drink mit einem Inhalt über 14 cl. (bis etwa 26 cl):

Malibu:
Kokosnuss Likör

Malt:
Abkürzung für Single Malt Scotch Whisky. Schottischer Whisky (Scotch) aus gemälzter Gerste (Malt), der aus einer Destillerie (Single) stammt.

Mandarine Napoleon:
Mandarinen Likör aus Cognac und Tangerinen.
Wird aus Mandarinenschalen hergestellt, die mit speziellen Kräutern destilliert werden.Reift anschließend mindestens drei Jahre in Eichenfässern.

Maraschino:
Ein klarer, recht trockener Fruchtlikör, der aus Maraska-Kirschen hergestellt wird, die mit ihren Kernen zerkleinert wurden und somit ein feines Bittermandelaroma erzeugen.

Mazeration:
Einlegen von Früchten oder Kräutern in Alkohol, um ihnen Farbe und Geschmack zu entziehen.

Metaxa:
Griechische Weinbrand-Spirituose aus Weintrauben.

Orgeat Sirup:
Unter Orgeat versteht man ein Mandelsirup, dass in Cocktails gut zur Geltung kommt und Noten von Marzipan entwickelt.

Orange Bitter:
Bitter Likör aus mit Pomeranzen Schalen aromatisiertem Gin, nur tropfenweise verwenden.

Ouzo:
Griechischer Anisschnaps, mit Kräutern und Gewürzen abgerundet.

Parfait Amour:
Violett gefärbter Zitronenlikör.

Pastis:
Französische Sammelbezeichnung für Anis haltige Aperitifs. Weitere Zutaten sind Zucker, Fenchel Samen, Süßholzwurzeln und verschiedene Kräuter. Pastis ist ein typisch französischer Schnaps.

Pernod:
Französische Pastis-Marke

Persiko:
Italienischer Mandellikör

Portwein:
Süßer, gespriteter Likörwein aus Nordportugal mit geschützter Herkunftsbezeichnung. Die Gärung des Weines wird durch Zugabe von Alkohol abgebrochen, wodurch eine hoher Süße Grad erhalten bleibt.

Proof:
Amerikanische Maßeinheit für Alkoholgehalt. 2° Proof entsprechen 1% Vol. Alkohol.

Punt e Mes:
Italienischer Bitter-Aperitif

Raki:
Türkischer Anisschnaps

Ramazotti:
Italienischer Bitter-Aperitif

Ricard:
Französische Pastis-Marke.

Sambuca:
Mit Anis, Sternanis, Süßholz und anderen Gewürzen aromatisierte klare Spirituose.

Sherry:
Spanischer Süßwein der durch Zugabe von Alkohol verstärkt wird. Zum Mixen eignet sich der trockene Fino oder der Manzanilla am besten. Fino ist der trockenste, er ist klar, hellgelb und hat ein feines Mandelaroma.

Southern Comfort:
Likör auf Whisky-Basis mit, Pfirsich -, Orange -, Vanille - und Zimt-Aromen.

Südwein:
Fachbegriff für Weine aus südlichen Ländern, deren Geschmack durch Zugabe von hochprozentigem Alkohol beeinflusst wurde wie z. B. Portwein oder Sherry.

Suze:
Kräuter- und Bitterlikör aus Frankreich auf Enzian-Basis.

Tennessee Sour Mash:
Amerikanische Whiskey Sorte, deren Maische zu einem Anteil aus Sour Mash bestehen muss, also Maische aus einem vorherigen Gärprozess, um eine erneute Gärung einzuleiten.

Tia Maria:
Hat 20 Prozent Alkohol und ist neben Kahlúa wohl der

bekannteste Kaffeelikör.
Triple Sec:
Bezeichnet Curaçao-Liköre mit einem höheren Alkoholgehalt.
Am bekanntesten ist Cointreau.
Vermouth:
Likör oder Branntweindestillat aus Wermut mit charakteristischer grüner Farbe.Das Wermutkraut prägt durch seine bitteren Aromastoffe den Geschmack deutlich.
Vintage:
Jahrgangs Spirituose
Wermut:
Mit Kräuterextrakt und Wurzeln angesetzter Weißwein.

Alkoholfreie Cocktails

Alex
6 cl Johannisbeersaft, 3 cl Apfelsaft, 3 cl Aprikosensaft, 2 cl Ananassaft,
1 cl Zitronensaft, 1 cl Mandelsirup, Karambolen Scheibe.
Im Shaker mit Eiswürfeln kräftig schütteln. In ein Longdrinkglas auf Eiswürfel abseihen. Mit Karambolen Scheibe garnieren.

Amanda
3 cl Orangensaft, 2 cl Maracuja Saft, 2 cl Ananassaft, 1 cl Grapefruitsaft,
2 cl Zitronensaft, 1 cl Mandelsirup, 1 cl Rose´s Lime Juice, 2 cl süße Sahne,
2 cl Milch, Karambolen Scheibe (oder Orange).
Im Shaker mit Eiswürfeln kräftig schütteln. In ein Longdrinkglas auf crushed Ice abseihen, mit Karambolen Scheibe (oder Orange) garnieren.

Apricot Fizz
6 cl Aprikosensaft, 2 cl Orangensaft, 2 cl Zitronensaft, 1 cl Mandelsirup, Soda, Orangenscheibe.
Ohne Soda im Shaker mit Eiswürfeln kräftig schütteln. In

ein Longdrinkglas auf Eiswürfel abseihen, mit Soda aufspritzen und mit Orangenscheibe garnieren.

Arthur & Marvin Special

12 cl Milch, 1 cl Limetten Sirup, 1 cl Mango Sirup, Grenadine, Amarena Kirsche.

Die Zutaten im Shaker mit crushed Ice kräftig schütteln. In ein Longdrinkglas abseihen. Mit crushed Ice auffüllen und eine Amarena Kirsche dazugeben.

Baby Pool

2 cl süße Sahne, 3 cl Kokosnuss Creme, 9 cl Ananassaft, 2 cl Blue Curaçao (alkoholfrei), Ananas, Kirsche.

Zutaten (ohne Curaçao) im Shaker mit Eiswürfeln kräftig schütteln. In ein Cocktail Glas auf crushed Ice abseihen und vorsichtig Curaçao darüber fließen lassen (floaten).
Mit Ananas und Kirsche garnieren.

Babylove

4 cl Kokosnuss Milch, 2 cl Sahne, 6 cl Ananassaft, 2 cl Bananensirup, Bananenscheibe, Kirsche.

Im Shaker mit crushed Ice kräftig schütteln und in ein Longdrinkglas abseihen.
Mit crushed Ice auffüllen, Bananenscheibe und Kirsche als Garnitur dazugeben.

Bananarama

3 cl Ananassaft, 3 cl Maracuja Saft, 1 cl Orangensaft, 2 cl Bananensaft,
3 cl Zitronensaft, 2 cl Ananassirup, 1 cl Bananensirup.
Im Shaker mit Eiswürfeln kräftig schütteln. In ein Longdrinkglas auf crushed Ice abseihen.

Bloody Virgin

8 cl Tomatensaft, 6 cl Bouillon, Zitronensaft, Worcester Sauce, Sellerie Salz, Pfeffer, Tabasco, Sellerie Stange.
Alle Zutaten in einem Longdrinkglas auf Eiswürfeln verrühren. Mit Sellerie Stange als Garnitur servieren.

Cherrymilk

½ Liter Milch, 140 Gramm Zucker, 1 Esslöffel Zitronensaft,

250 Gramm entsteinte Kirschen.
Cherrymilk sieht besonders lecker aus, wenn man dunkle Kirschen verwendet.
½ Liter Milch mit Zucker verrühren und mit Zitronensaft sowie entsteinten Kirschen mixen. Das Getränk wird am besten auf Eiswürfeln im Longdrinkglas serviert.

Citrus- Traubensaft-Punsch
für 6 Personen:
3 Zitronen (unbehandelt), 18 Stück Würfelzucker, 1l weißer Traubensaft,350 ml klarer Apfelsaft und eine Zitrone zum Garnieren.Die Zitronen zunächst gründlich mit heißem Wasser abwaschen und trocknen. Würfelzucker solange an der Zitronenschale reiben, bis sich der Zucker gelb verfärbt. Dann die Zitronen halbieren und auspressen. Zitronen-, Trauben- und Apfelsaft in einem Topf erhitzen. Den Würfelzucker darin auflösen. Anschließend den fertigen Punsch auf Gläser verteilen und mit Zitronenscheiben oder einer Zitronenspirale garnieren.

Coco Choco
10 cl Milch, 2 cl Sahne, 2 cl Kokosnuss Creme, 2-3 cl Schokoladensirup, Schokolade, Amarena Kirsche, Bitterschokolade.
Im Shaker mit Eiswürfeln kräftig schütteln. In ein Longdrinkglas auf crushed Ice abseihen, Schokolade darüber raspeln und mit Amarena Kirsche garnieren.

Coconut Banana
8 cl Milch, 2 cl Sahne, 2 cl Kokosnuss Creme, 2 cl Bananensirup, (oder eine halbe Banane im Elektromixer püriert), Kirsche, Bananenscheibe.
Im Shaker mit Eiswürfeln kräftig schütteln. In ein Longdrinkglas auf crushed Ice abseihen. Mit Kirsche und Banane garnieren.

Distance Runner
1 Ananasscheibe, 1 cl Limettensaft, 6 cl Ananassaft, 1 cl Maracuja Sirup.

Alle Zutaten mit crushed Ice in einen Elektromixer geben, gut pürieren. In ein Longdrinkglas abseihen.

Driver's Delight
14 cl Bitter Lemon, 4 cl Maracuja Saft, 1 cl schwarzer Johannisbeersaft.
Bitter Lemon mit dem Maracuja Saft in einem Longdrinkglas auf Eis verrühren. Anschließend den Johannisbeersaft seitlich ins Glas laufen lassen.

Egg-Nog
½ Liter Milch, Zuckersirup, 2 Eigelb, geriebene Schokolade, evtl. Fruchtsaft.
Milch mit Zuckersirup und Eigelb mixen. In Longdrinkgläser füllen und geriebene Schokolade darüber streuen.

Erotik Mix
8 cl Pfirsich Saft, 2 cl Zitronensaft, 1 cl Mandelsirup, Grenadine, 3 cl schwarzer Johannisbeersaft, Erdbeere, Orange.
Zutaten ohne Johannisbeersaft im Shaker mit Eiswürfeln kräftig schütteln.
Auf crushed Ice in Longdrinkglas abseihen und vorsichtig mit schwarzem Johannisbeersaft auffüllen (floaten). Mit Erdbeere und Orangen garnieren.

Froggy
8 cl Orangensaft, 1 cl Zitronensaft, 1 cl Mandelsirup, Tonic-Water,
1 Dash Blue Curaçao (alkoholfrei).
Orangensaft, Zitronensaft und Mandelsirup im Shaker mit Eiswürfeln kräftig schütteln. In ein Cocktail Glas auf Eiswürfel abseihen.
Mit Tonic-Water auffüllen, Blue Curaçao dazugeben. Mit Limetten Scheibe und Kirsche garnieren.

Frozen Banana
1 kleine reife Banane, 1 cl Bananensirup, 1 cl Limettensaft, 2 cl Bananensaft,

4 cl Ananassaft.
Alle Zutaten mit crushed Ice in einen Elektromixer füllen und gut pürieren.
In ein Longdrinkglas auf Eiswürfel abseihen.

Frozen Melon
Etwa 100 g reife Honigmelone, 1 cl Zitronensaft, 1 cl Läuterzucker (Sirup),
5 cl Ananassaft.
Alle Zutaten mit crushed Ice in einen Elektromixer füllen und gut pürieren.
In ein Longdrinkglas abseihen.

Frozen Raspberry
50 g reife Honigmelone, 50 g Himbeeren, 2 cl Himbeersirup, 1 cl Limettensaft,
1 cl Mandelsirup, 4 cl Ananassaft.
Alle Zutaten mit crushed Ice in einen Elektromixer füllen und gut pürieren.
In ein Longdrinkglas abseihen.

Grapefruit Highball
8 cl Grapefruitsaft, 2 cl Grenadine, Sodawasser oder Ginger Ale.
Grapefruitsaft und Grenadine in ein hohes Longdrinkglas mit Eiswürfel geben und verrühren. Mit Sodawasser auffüllen. Leicht umrühren und mit Trinkhalm servieren.

Good Night Cup
4 cl Ananassaft, 4 cl Papaya Saft, 2 cl Sahne, eine halbe Banane, Dashes Bananensirup, Kirsche.
Im Elektromixer mit etwas crushed Ice mixen. In in ein Longdrinkglas füllen und mit einer Kirsche garnieren.

Green Leaves
Minze Blätter, 2 cl Minz Sirup, Tonic-Water.
Minze mit Barlöffel in einem Longdrinkglas andrücken. Mine Sirup darüber gießen und crushed Ice dazugeben. Mit Tonic-Water auffüllen und umrühren.

Himbeer-Mix

1 EL Himbeersirup, 1/8 - 1/4 Liter Milch, Schlagsahne, Schokolade (gerieben).Pro Person einen Esslöffel Himbeersirup mit 1/8 bis 1/4 Liter Milch mixen.Einen Esslöffel Schlagsahne dazugeben, in ein Glas füllen und etwas geriebene Schokolade darüber streuen. Für diesem Drink können auch frische Früchte verwendet werden. Dazu einfach die Himbeeren durch ein Sieb streichen, das Mark süßen und wie beschrieben zubereiten.

Horse's Neck
Saft einer Zitrone, 2 Eiswürfel, 2cl Zuckersirup, Saft einer halben Grapefruit,
1 Zitronenschalen Spirale, Ginger Ale oder Bitter Lemon.
Die Zitronenschalen Spirale in die Sektschale geben. Zitronensaft, Grapefruitsaft und Zuckersirup mit Eis, im Shaker schütteln. Anschließend in die Sektschale seihen und mit Ginger Ale oder Bitter Lemon auffüllen.

Jogging Flip
Verschiedene Fruchtsäfte (z.B. 6 cl Orangen- und 6 cl Grapefruitsaft,2 cl Zitronensaft), 1 Eigelb, Grenadine, Orangenscheibe.
Im Shaker mit Eiswürfel kräftig schütteln. In ein Longdrinkglas auf Eiswürfel abseihen. Mit Orangenscheibe garnieren.

Jolly Jogger
8 cl Bananen-Nektar, 8 cl Orangensaft, der Saft einer halben Zitrone, 2 cl frische süße Sahne, 1 cl Mandel-Sirup.
Alle Zutaten mit Eis in einem Shaker kräftig schütteln und in ein Glas abseihen.
Dekorieren.

Jakes wake up
3 cl Ananassaft, 3 cl Orangensaft, 3 cl Pfirsich Saft, 2 cl Bananensaft, 1 cl Mandelsirup, 1 cl süße Sahne, 1 Eigelb, Kirsche.
Die Zutaten im Shaker mit Eiswürfel kräftig schütteln. In ein Longdrinkglas auf Eiswürfel abseihen und mit einer Kirsche

garnieren.
Karamell-Milch
Etwa 80 Gramm Zucker, etwas Wasser, 400 ml Milch, Haselnüsse.
Zucker mit wenig Wasser unter ständigem Rühren in einer Pfanne karamellisieren.Die Karamellmasse umgehend in die Milch rühren, diese zum Kochen bringen und solange mit dem Schneebesen rühren, bis sie fast kalt ist.Je nach Geschmack mit etwas Milch verdünnen, aber erst nach völligem Erkalten in Gläser füllen und gemahlene Haselnüsse darüber streuen.

Kiwano
4 cl Ananassaft, 2 cl Himbeersirup, 1 cl Zitronensaft, Tonic-Water, 1 Kiwi in Scheiben.
Kiwi Scheiben, Ananassaft, Himbeersirup und Zitronensaft mit Eiswürfel mixen. In ein Longdrinkglas füllen. Mit Tonic-Water auffüllen und vorsichtig umrühren.
Mit Kiwi Scheibe garnieren.

Kiwi-Bowle
1/4 l Orangensaft, 1/8 l Ananassaft, 1/4 l Zitronensaft, 1 Fl Ginger Ale, 6 Kiwi Früchte, Zucker, Eiswürfel.
Die Kiwi Früchte schälen, in dünne Scheiben schneiden und in ein Bowle Gefäß geben. Die Fruchtsäfte darüber gießen. Die Bowle nach Geschmack süßen und 2 Stunden gekühlt stehen lassen. Vor dem Servieren Eiswürfel hinzugeben und mit Ginger Ale auffüllen. Die Menge reicht für etwa 12 Gläser.

Lovers Best
6 cl Ananassaft, 6 cl Orangensaft, 2 cl Maracuja Saft, 1 cl Zitronensaft, Dashes Mango Sirup, 1 cl Kirschsaft, Kiwi Scheibe.
Die Zutaten bis auf den Kirschsaft im Shaker mit Eiswürfel kräftig schütteln.
Auf crushed Ice in Longdrinkglas abseihen. Kirschsaft vorsichtig dazugeben und mit Kiwi Scheibe garnieren.

Limbo
5 cl Bananensirup, 2 cl Zitronensaft, 150 ml Bitter Orange.
Bananensirup und Zitronensaft in ein Longdrinkglas mit Eis geben. Umrühren und mit Bitter Orange auffüllen.

Limetten Limo
6 cl frisch gepresster Limettensaft, 4 cl Lime Juice, Tonic Water, eine Limetten Scheibe.
Limettensaft mit Lime Juice in ein Longdrinkglas auf Eis geben. Umrühren und mit Tonic Water auffüllen. Mit einer Limetten Scheibe dekorieren.

Madonna
4 cl Milch, 10 cl Maracuja Saft, 2 cl Maracuja Sirup, Orangenscheibe.
Im Shaker mit Eiswürfeln kräftig schütteln. In ein Longdrinkglas auf crushed Ice abseihen. Mit Orangenscheibe garnieren.

Marsian Sunrise
1 cl Pfefferminz Sirup, 1 Dash Zitronensaft, 12 cl Ananassaft, frische Minze Blätter.
Pfefferminz Sirup in Cocktail Glas geben und zu 3/4 mit crushed Ice auffüllen. Dashes Zitronensaft hinzugeben, mit Ananassaft auffüllen und mit einem Löffel vorsichtig rühren, dass ein grüngelber Farbübergang entsteht. Mit frischer Minze dekorieren.

Merlin
1 Mango, 1 Orange, 1 Esslöffel Zitronensaft, ¼ l Orangensaft, Eiswürfel, Sodawasser, Orangenscheiben zum Dekorieren.
Mango schälen, entkernen und grob würfeln. Die Orange schälen und ebenfalls würfeln. Zusammen mit dem Zitronen- und Orangensaft in einen Mixer geben und pürieren. Anschließend in vier Longdrinkgläser mit Eiswürfeln zur Hälfte füllen. Mit Sodawasser oder Mineralwasser auffüllen. Gläser mit Orangenscheiben garnieren. Mit Trinkhalmen servieren.

New Space
3 cl Zitronensaft, 2 cl Läuterzucker (Sirup), 1/2 Eiweiß, 1 cl süße Sahne,
3 cl Orangensaft, 3 cl Grapefruitsaft, Dash Orangenblütenwasser,
Kirsche (oder Orangenscheibe)
Im Shaker mit Eiswürfeln kräftig schütteln. Auf Eiswürfeln in Londrink Glas abseihen, mit Soda aufspritzen. Zum Servieren mit Kirsche (oder Orangenscheibe) garnieren.

Nektarinen-Joghurtdrink
2 reife Nektarinen, 100 ml Naturjoghurt, 1-2 EL Zucker
Die Nektarinen schälen vom Kern befreien und klein schneiden. Im Mixer mit Joghurt und Zucker fein pürieren. In ein Longdrinkglas füllen und mit einer Nektarinen Spalte dekorieren.

Orange Cooler
10 cl Orangensaft, 3-4 Eiswürfel, 2 BL Zuckersirup, Ginger Ale zum Auffüllen.
Dieser Cooler erfrischt und schmeckt nicht nur den Autofahrern unter den Gästen. Orangensaft, Eiswürfel und Zuckersirup in ein großes Longdrinkglas geben. Umrühren und mit Ginger Ale auffüllen.

Orange Fizz
6 cl Orangensaft, 2 cl schwarzer Johannisbeersaft, 1 cl Zitronensaft,
2 cl Himbeersirup, Tonic-Water, Johannisbeeren.
Ohne Tonic-Water im Shaker mit Eiswürfeln kräftig schütteln. In ein Longdrinkglas auf Eiswürfel abseihen. Mit Tonic-Water auffüllen und mit Johannisbeeren garnieren.

Orangen-Milch
3 große Orangen, 100 ml Milch, 50 ml Sahne, Zucker oder Zuckersirup, Zitronensaft.
Orangen entsaften. Alle Zutaten mixen und mit Zitronensaft und nach belieben mit abgeriebener Orangenschale verfeinern.

Gut mixen und mit Eiswürfeln in großen Gläsern servieren.

Pelikan
10 cl Grapefruitsaft, 1 cl Zitronensaft, Dash Grenadine, 1 cl Limetten Sirup,
3 cl Ananassaft, Limettenscheibe.
Im Shaker mit Eiswürfeln kräftig schütteln. In ein Longdrinkglas auf crushed Ice abseihen.
Mit Limetten Scheibe garnieren.

Pinã Sinã
10 cl Ananassaft, 2 cl süße Sahne, 3 cl Kokosnuss Creme, Ananas, Kirsche.
Die Zutaten im Shaker mit Eiswürfeln kräftig schütteln. Ein Longdrinkglas auf crushed Ice abseihen, mit Ananas und Kirsche garnieren.

Pussy Cat
5 cl Orangensaft, 4 cl Ananassaft, 2 cl Bananensaft, 1 cl Kirschsaft,
2 cl Kokosnuss Creme, 1 cl Zitronensaft, 1 cl Mandelsirup, Kirsche.
Ohne Kirschsaft im Shaker mit Eiswürfeln kräftig schütteln. In ein Longdrinkglas auf crushed Ice abseihen. Kirschsaft vorsichtig hinzugeben und mit Kirsche garnieren.

Red Berry
5 cl roter Traubensaft, 2 cl Grapefruitsaft, 2 cl Ananassaft, 1 cl Zitronensaft,
1 cl Mandelsirup, Soda, Johannisbeeren.
Ohne Soda im Shaker mit Eiswürfeln kräftig schütteln, in ein Longdrinkglas auf Eiswürfel abseihen, mit Soda aufgießen und mit Johannisbeeren garnieren.

Refresher
6 cl Orangensaft, 2 cl Grenadine, Soda oder Mineralwasser, 1 Orangenscheibe.
Den Orangensaft mit der Grenadine und Eiswürfeln in ein Longdrinkglas füllen. Alles gut vermischen und anschließend mit Soda auffüllen. Mit einer Orangenscheibe garnieren und

mit einem Strohhalm servieren.

Red Heat

6 cl Traubensaft, 4 cl Grapefruitsaft, 2 cl Limetten Sirup, Soda oder Mineralwasser.

Den Traubensaft, Grapefruitsaft und Limetten Sirup mit Eiswürfeln in ein Longdrinkglas füllen. Alles gut vermischen und anschließend mit Soda auffüllen. Mit einer Limonen Scheibe garnieren und mit einem Strohhalm servieren.

Sport Apple

2 cl Grenadine Sirup, 6 cl Apfelsaft, 3 Eiswürfel, kaltes Mineralwasser.

Grenadine Sirup und Apfelsaft mit den Eiswürfeln verrühren.

Mit Mineralwasser aufgießen.

Summer Cooler

6 cl Orangensaft, Dashes Angostura, Zitronenlimonade, Orangenscheibe, Kirsche.

Orangensaft in ein Longdrinkglas mit einigen Eiswürfeln gießen und ein paar Dashes Angostura hinzugeben. Mit Zitronenlimonade auffüllen und vorsichtig umrühren.

Mit Orangenscheibe und Kirsche garnieren.

Surfing away

4 cl weißer Traubensaft, 6 cl Kiwi Saft, 4 cl Bananensaft, 1 Eigelb, 4 cl Schlagsahne,

4 cl Mineralwasser, Blätter von Zitronenmelisse.

Die Zutaten kräftig mit dem Shaker schütteln (ohne Mineralwasser) und über Eis abseihen. Mit Mineralwasser auffüllen und dekorieren.

Sweet Victory

12 cl Kirschsaft, 1 cl Grenadine, 3 cl Ananassaft, 1 cl Zitronensaft, Kirsche.

Im Shaker mit Eiswürfeln kräftig schütteln, in ein Longdrinkglas auf crushed Ice abseihen. Mit Kirsche garnieren.

Tokyo Teenage

1 cl Limettensaft, 2 cl Läuterzucker (Sirup), 3 cl Ananassaft, 3 cl Orangensaft, Minze Blätter, Soda, Minze Zweig.
Minze Blätter mit Zucker und Limettensaft im Longdrinkglas gut verrühren. Minze Blätter mit Löffel leicht andrücken und mit etwas crushed Ice auffüllen.
Ananas- und Orangensaft hinzugeben, mit etwas Soda aufspritzen, vorsichtig umrühren. Mit Minze Zweig garnieren.

Tomaten Mixgetränk
3 EL Tomatenmark, ½ Zitrone, 3 EL süßer Rahm, 3/8 Liter Milch, Salz, Zucker.
Drei Esslöffel Tomatenmark mit dem Saft einer halben Zitrone, drei Esslöffeln süßem Rahm und 3/8 Liter Milch mischen, eine Prise Salz und eine Prise Zucker hinzugeben und mit dem Schneebesen kräftig schlagen. Oder einfach alle Zutaten im Mixer auf mixen.

Venus
6 cl Ananassaft, 4 cl Orangensaft, 2 cl Sahne, 2 cl Lime Juice, 1 cl Grenadine, Amarena Kirsche.
Im Shaker mit Eiswürfeln kräftig schütteln. In ein Longdrinkglas mit Eiswürfeln abseihen. Mit Amarena Kirsche garnieren.

Virgin Mary
14 cl Tomatensaft, Dashes Zitronensaft, Sellerie Salz, Worcester Sauce, grober Pfeffer, Stangensellerie.
Den Tomatensaft in ein großes Becherglas auf Eiswürfel gießen, würzen und verrühren. Mit Stangensellerie dekorieren.
Virgin Mary kann natürlich auch im Shaker zubereitet werden.

White Berry
5 cl weißer Traubensaft, 2 cl Grapefruitsaft, 2 cl Ananassaft, 1 cl Zitronensaft,
1 cl Mandelsirup, Soda.
Zutaten ohne Soda im Shaker mit Eiswürfeln kräftig

schütteln. In ein Longdrinkglas auf Eiswürfel abseihen, mit Soda aufgießen und mit Trauben garnieren.

Wirbelwind
50 ml Orangensaft, 50 ml Ananassaft, 5 cl Kokos Sirup, 100 ml Mineralwasser oder Soda.
Zutaten ohne Soda im Shaker mit Eiswürfeln kräftig schütteln. In ein Longdrinkglas auf Eiswürfel abseihen. Mit Soda aufgießen.

Zitronenmilch
14 cl kalte Milch, 2 cl Zitronensaft.
Zutaten mit Eiswürfel in ein Mix Glas geben. Mit einem Barlöffel gut verrühren.
In ein hohes Longdrinkglas seihen. Mit Trinkhalm servieren. Mit Zitrone oder Limone garnieren.

Zitrus-Power
4 cl Orangensaft, 3 cl Grapefruitsaft, 2 cl Zitronensaft, Zitronenscheibe oder Limone.
Zutaten mit Eiswürfel in ein Mix Glas geben. Mit einem Barlöffel gut verrühren.
In ein hohes Longdrinkglas mit Eiswürfel seihen. Mit Zitrone oder Limone garnieren.

Zuraki
Saft von einer Zitrone, 1 Teelöffel Honig, 100 ml Kefir, 100 ml Mineralwasser,Zitronenscheibe,Zitronensaft, Honig und Kefir gut mixen. In ein Longdrinkglas gießen. Das Glas mit Mineralwasser auffüllen und mit einer Zitronenscheibe dekorieren.

Cocktails ohne Alkohol

Caribbean
6 cl Maracuja Saft, 6 cl Ananassaft,
2 cl Kokosnuss Creme, 1 cl Mango Sirup,
1 cl Sahne, 1 Limettenv Viertel, Minze.
Alle Zutaten (ohne Limette) mit Eiswürfeln im Shaker kurz schütteln. In ein zu einem Drittel mit crushed ice gefülltes

Glas abseihen. Limette über dem Drink auspressen. Frische Minze **auf den** Drink stecken und mit Trinkhalm servieren.

Ipanema
½ Limette auf Rohrzucker zerdrückt, evtl. Limetten Sirup,
4-8 cl Maracujasaft,
Ginger Ale zum Auffüllen.
Die halbe Limette wird in kleine Stücke (1/8) geschnitten und zusammen mit dem Zucker in einem stabilen Glas zerquetscht. Crushed Ice zugeben, Maracuja Saft dazu und anschließend mit Ginger Ale füllen. Leicht umrühren.

Ipanema-Peach Tea Cup
1 Glas Ice Tea Peach, 2 cl frischer Limettensaft, einige Pfirsich Stücke,
1 Limetten Scheibe, 1 Spritzer Grenadine.
Einige Eiswürfel in ein Glas geben. Den Tee und den Limettensaft dazugießen und umrühren. Pfirsich Stücke drauflegen und mit der Limetten Scheibe am Rand dekorieren. Mit einem Trinkhalm und einem Löffel servieren.

Johannisbeer-Orangen-Margaria
10 cl Orangensaft, 6 cl Johannisbeersaft,
2 cl Zitronensaft, Crushed Ice
Alle Zutaten im Mixer durch mixen. In ein vorgekühltes Glas gießen.
Dieser Drink lässt sich auch in größerer Menge, aus jeweils einer Saftsorte herstellen, um ihn erst im Glas (Schichtweise) übereinander zu füllen.
Alle Zutaten im Shaker kurz durchschütteln und in ein zu 1/3 mit Eiswürfeln gefülltes Glas abseihen. Eine Orangenscheibe als Deko an den Glasrand stecken und mit einem Trinkhalm servieren.

Avocado-Banane-Apfel-Cocktail
1/3 sehr reife Avocado, 1/4 reife Banane,
16 cl Apfelsaft, 2 cl frischer Limettensaft.
Alle Zutaten im Mixer mit zwei Eiswürfeln durch mixen. In

ein vorgekühltes Glas gießen. Eine Apfelscheibe mit Schale an den Glasrand stecken.

Göttertrunk
4 cl Orangensaft, 8 cl Kirschsaft, 2 cl Zuckersirup, 1 frisches Eigelb.

Kirschen Kuss
9 cl Kirschsaft, 5 cl Ananassaft, 3 cl Zitronensaft, 2 cl Kirschsirup, 1/4 Ananasscheibe,
1 Cocktail Kirsche.
Alle Zutaten zusammen im Shaker mit Eiswürfeln schütteln und in ein Long- Drink - Glas seihen. Die Kirsche mit einem Sticker an der Ananasscheibe befestigen und an den Glasrand stecken.

Erdbeer Tonic
4 cl Erdbeersirup
8 cl Tonic Water
2 cl Zitronensaft (frisch)
Zitronensaft und Erdbeersirup im Long- Drink - Glas mit Eiswürfeln verrühren.
Einige Erdbeeren ins Glas geben, mit Tonic Water auffüllen und leicht umrühren.

Mint Tonic
4 Blätter Pfefferminze, 1 cl Zuckersirup,
4 cl Pfefferminz Sirup, 6 cl Zitronensaft,
Tonic Water, 1 Zitronenschalen Spirale.
Die Minze Blätter zusammen mit dem Zuckersirup im Long- Drink- Glas zerreiben.
Einige Eiswürfel, Pfefferminz Sirup und Zitronensaft dazugeben und gut umrühren.
Mit dem Tonic Water auffüllen und nochmals gut umrühren.
Die Schalen Spirale an den Glasrand hängen.

Maracas
4 cl Ananassaft, 4 cl Orangensaft,
4 cl Grapefruitsaft, 2 cl Maracuja Sirup,
2 cl Zitronensaft, 1 Karambolen Scheibe.

Erdbeercocktail

Alle Zutaten zusammen im Shaker mit Eiswürfeln schütteln und in ein Long- Drink - Glas seihen. Die Karambolen Scheibe an den Glasrand stecken.

Summer Delight

2 cl Limettensaft, 2 cl Himbeersirup, 4 Himbeeren, 2 Limetten Scheiben, Sodawasser zum Auffüllen.
Saft und Sirup zusammen im Long- Drink - Glas mit Eiswürfeln verrühren, mit Soda auffüllen und. Die Himbeeren ins Glas gebe umrühren n, die Limetten Scheibe an den Glasrand stecken.

Refresher

4 cl Birnensaft, 4 cl Aprikosensaft, 4 cl Kiwi Saft, 4 cl Orangensaft, 1 Kiwi Scheibe,
1 Physalis, 1 Orangenscheibe.
Alle Zutaten zusammen im Rühr Glas mit Eiswürfeln verrühren und in ein Cocktail Glas seihen. Das Obst am Sticker über den Glasrand legen.

Honig Flip

20 cl Milch, 2 cl schwarzer Johannisbeersaft, 1 Barlöffel Honig, 1 Eigelb,
1 Johannisbeeren Rispe.
Alle Zutaten zusammen im Shaker mit Eiswürfeln kräftig durchschütteln und in ein Long- Drink - Glas seihen. Die Johannisbeeren Rispe an den Glasrand hängen.

Kater Killer - Virgin Mary

6 cl Tomatensaft, 8 cl Consommé Double (klare Kraftbrühe), evtl. frisch gepresster Sellerie Saft, Sellerie Salz, Schwarzer Pfeffer aus der Mühle, Paprika, Tabasco, Worchestershire.
Die Zutaten im Glas auf Eiswürfeln verrühren und servieren. Dieser Mix eignet sich sehr gut als Kater Killer für den Tag danach.

Schoko Orange

2 Kugeln Vanilleeis, 2 cl Schokoladensirup, 2 cl

Orangensirup, Milch zum auffüllen,
2 EL steif geschlagene Sahne, 1/4 Orangenscheibe,
Schokoladenraspel.

Das Eis zusammen mit den Sirups im Tumbler verquirlen, mit Milch auffüllen und nochmals umrühren. Eine Sahne Haube drauf setzen und mit der Orangenscheibe und Schokoladenraspeln garnieren.

Kater Killer - Azteken Feuer
1 Kugel Vanilleeis, 12 cl kalter Kaffee, 1 Priese Kakaopulver Zimtpulver.

Das Eis zusammen mit dem Kaffee und dem Kakaopulver im Glas verrühren. Mit etwas Zimt garnieren.

Champagner & Sekt-Cocktails

Champagner Cocktail
2,5 cl Cognac, 1 Stück Würfelzucker, 2 Spritzer Angostura, Champagner zum Auffüllen.

In einem Champagner Kelch den Würfelzucker mit Angostura tränken, Cognac hinzufügen und vorsichtig auffüllen.

Bellini Cocktail
1 Pfirsich (weiß) bzw. Pfirsich Mark, Champagner zum Auffüllen.

Den Pfirsich mit etwas Wasser/Zuckersirup pürieren. In eine Karaffe gießen und den kalten Prosecco (oder Sekt bzw. Champagner) dazugeben (im Verhältnis 1/4 Pfirsich Saft zu 3/4 Prosecco). Mit etwas Zitronensaft abschmecken. In kalten Gläsern servieren.

Champagner Flip
1 cl Cognac, 4 cl Weißwein, 1 cl Zuckersirup, 2 cl Sahne,
1 Eigelb, Champagner zum Auffüllen.

Alle Zutaten außer dem Champagner im Shaker kräftig schütteln, in ein Kelchglas abseihen und mit Champagner auffüllen.

Champagner Cocktail -Kir Royal
1-2 cl Cassis, Champagner zum Auffüllen.
Den Cassis in ein Kelchglas geben und mit Champagner auffüllen.

Ritz
2 cl Cointreau, 2 cl Cognac, 2 cl Orangensaft, Champagner.
Alle Zutaten bis auf den Champagner zusammen mit Eis in einem Shaker schütteln. Anschließend in eine Cocktail Schale geben und mit Champagner auffüllen.

Sparkling Strawberry
2 cl Erdbeerlikör, 2 cl Cognac, 4 cl Ananassaft, Champagner zum Auffüllen.
Die Zutaten außer dem Champagner, im Shaker schütteln und in einen Champagner Kelch abseihen. Nun vorsichtig mit Champagner auffüllen und eine Erdbeere an den Glasrand stecken.

Sir Henry
3 cl Calvados, 2 cl Pfirsich Likör, 3 cl Orangensaft, Sekt oder Champagner.
Alle Zutaten bis auf den Sekt bzw. Champagner zusammen mit Eis in einen Shaker kräftig durchschütteln. Anschließend in ein Longdrinkglas mit Eis und gießen und mit Sekt bzw. Champagner auffüllen.

Hemingway
5 cl Pastis, ca. 150 ml Sekt oder Champagner.
Eisgekühlten Pastis in eine Sektglas gießen und mit Sekt oder Champagner auffüllen.

Airattack
5 cl Absinth, 4 cl Champagner oder Sekt, 6 cl Kirschsaft, 2 cl Brandy, 2 cl White Peach,
3 cl Calvados, 3 cl Gin.
Alle Zutaten bis auf den Sekt bzw. Champagner zusammen mit Eis in einen Shaker kräftig durchschütteln. Anschließend in ein Longdrinkglas mit Eis und gießen und mit Sekt bzw. Champagner auffüllen.

Wodka-Cocktails

Screwdriver
5 cl Wodka
100 ml Orangensaft
Eiswürfel ins Rühr Glas füllen, Wodka und Orangensaft darüber gießen und gut umrühren. Durch ein Barsieb in ein Longdrinkglas mit Eiswürfeln füllen und noch einmal umrühren.
Ausgezeichnete Deko für den Screwdriver ist etwas Orangenschale.

Wodka Julep
2 cl Zuckersirup
5 cl Wodka
5-6 Minze Blättchen
Zuckersirup in ein kleines Saftglas füllen.
3-4 Minze Blättchen dazugeben und mit einem Stößel oder einem Kaffeelöffel zerdrücken.
Das Glas mit crushed ice auffüllen und den Wodka darüber gießen.
Einmal umrühren, mit übriger Minze garnieren.

Touch Down
4 cl Wodka, 2 cl Apricot Brandy, 1 cl Grenadine, 2 cl Zitronensaft, 10 cl Maracuja Saft.
Alle Zutaten außer Grenadine mit wenig Eis shaken und in ein Longdrinkglas mit beliebig vielen Eiswürfeln seihen. Grenadine vorsichtig in das Glas geben und leicht umrühren.

White Russian
4 cl Wodka, 2 cl Kahlua, 1-3 cl Sahne.
Wodka mit Kahlua rühren und in eine Cocktail Schale geben. Nach belieben 1-3 cl Sahne über einen Barlöffel (Rücken) vorsichtig auf den Drink laufen lassen, damit zwei Schichten entstehen.

Wodka Tonic

4 cl Wodka, 7-8 Eiswürfel, etwa 100 ml Tonic Water.
Den Wodka im Rühr Glas auf 3-4 Eiswürfeln kalt rühren und durch das Sieb in ein Longdrinkglas abgießen. Mit dem Tonic Water auffüllen und dem restlichen Eis auffrischen.

Wodka Cooler
Eiswürfel, 5 cl Wodka, 3 cl Zitronensaft, 2 cl Zuckersirup, etwa 5 cl Ginger Ale.
Ein Longdrinkglas mit crushed Ice, das Rühr Glas mit den Eiswürfeln füllen. Wodka, Zitronensaft und Zuckersirup ins Rührglas gießen und gut verrühren. Durchs Sieb in das Longdrinkglas abseihen und mit Ginger Ale aufgießen.

Wodka Highball
Eiswürfel, 5 cl Wodka, je 1 Scheibe und Schalen Spirale von einer unbehandelten Zitrone, etwa 100 ml Bitter Lemon oder Tonic Water.
Die Eiswürfel und den Wodka in ein großes Saftglas füllen und verrühren.
Die Zitronenscheibe dazugeben, mit einem Stößel oder einem Kaffeelöffel leicht ausquetschen und wieder entfernen.
Mit Bitter Lemon oder Tonic Water auffüllen und den Cocktail mit der Schalen Spirale garnieren.

Wodka Fizz
5 cl Wodka, 3 cl Zitronensaft, 2 cl Zuckersirup, Sodawasser.
Die Zutaten - ohne Sodawasser - mit Eiswürfeln im Shaker lange und kräftig schütteln. In ein Longdrinkglas abseihen und mit etwas Sodawasser auffüllen.

Road Runner
4 cl Wodka, 2 cl Amaretto, 2 cl Sahne, 2 cl flüssige Cream of Coconut.
Im Elektromixer gut durch mixen. Die Mischung im Shaker mit Eiswürfeln gut schütteln und in eine Cocktail Schale abseihen.

Bloody Mary
5 cl Wodka, 1 cl Zitronensaft, frisch gemahlener Pfeffer,

Sellerie Salz, 2 Spritzer Tabasco, 3-5 Spritzer Worcestershire Sauce, 12 cl Tomatensaft.

In ein Longdrinkglas auf einige Eiswürfel die Gewürze, Zitronensaft und den Wodka geben. Mit Tomatensaft auffüllen und gut rühren.

Springtime Cooler

4 cl Wodka, 2 cl Curaçao Blue, 6 cl Orangensaft, 3 cl Zitronensaft, 1 cl Zuckersirup.

Mit Eiswürfeln im Shaker gut schütteln und in ein Longdrinkglas auf einige Eiswürfel abseihen. Mit Früchten garnieren.

Wodka Sling

5 cl Wodka, 3 cl Zitronensaft, 2 cl Zuckersirup, 6-7 Eiswürfel, 1 Schuss stilles (Mineral) Wasser.

Wodka, Zitronensaft, Sirup und 3-4 Eiswürfel ins Rühr Glas geben. Kräftig verrühren und durchs Sieb in ein Saftglas gießen. Mit dem restlichen Eis auffrischen und dem stillen Wasser verlängern.

Wodka Martini

Eiswürfel, 6 cl Wodka, 1 Stück unbehandelte Zitronenschale, 1 grüne Olive.

Ein kleines Weinglas im Gefrierschrank vorkühlen oder direkt vor mixen mit 3-4 Eiswürfeln ausschwenken. Den Wodka im Rühr Glas auf 3-4 Eiswürfeln verrühren, bis er gut kalt ist, dann durch das Sieb ins kalte Weinglas abgießen. Die Zitronenschale über dem Glas ausdrücken, bis etwas Schalen Öl austritt, die Olive zum Wodka ins Glas geben.

Party Gag / Shooter – Vampir Blut

Cocktail im Reagenzglas

Ein Shooter ist ein alkoholischer Drink, der aus zwei oder mehr Spirituosen besteht.

Er kann aber auch alkoholfreie Zutaten enthalten und wird häufig schnell, also wie ein Schnaps getrunken.

Die Zubereitung ist von den Zutaten abhängig und so kann man einen Shooter rühren oder auch shaken. Teils wird er direkt ins Glas eingefüllt - B52-Cocktail

Vampirblut Rezept
4 cl Wodka
6 cl Sangrita (Gewürzter mexikanischer Tomatensaft)
oder normaler Tomatensaft,Tabasco (je nach gewünschtem Schärfegrad)Alle Zutaten mit etwas crushed Ice im Shaker kräftig schütteln.Durch ein Sieb mit einem Trichter in vorbereitete Reagenzgläser füllen.

Whiskey-Cocktails

Old Fashioned
1 Scheibe von einer unbehandelten Orange und Zitrone, 1 Zuckerwürfel, 1 Spritzer Angostura,
5 cl Whisky, Eiswürfel, etwa 5 cl Soda - oder Mineralwasser, 2 Cocktail Kirschen.Die Orangen- und Zitronenscheibe halbieren und in ein großes Becherglas geben. Den Würfelzucker drauflegen und mit Angostura beträufeln. Alles mit dem Löffel sanft zerdrücken.
Den Whisky darüber gießen, die Eiswürfel hinzufügen und umrühren. Mit Soda- oder Mineralwasser aufgießen. Die Kirschen ins Glas geben.

Manhattan
4 cl Whisky, 2 cl Vermouth Rosso, 1- 2 Spritzer Angostura, Eiswürfel, 1 Cocktail Kirsche.

Old Fashioned
Whisky, Vermouth und Angostura im Rühr Glas mit den Eiswürfeln verrühren. Durchs Sieb ins Cocktail Glas gießen. Die Kirsche dazugeben und rühren.

Mint Julep
ca.10 Minze Blättchen, 1 Zuckerwürfel, 6 cl Whisky, 4 EL crushed Ice, etwa 4 cl Sodawasser.
In einem Becherglas Minze und Zucker mit dem Stößel zerdrücken. Whisky dazugeben und sanft rühren, bis sich der Zucker aufgelöst hat. Mit dem Eis auffüllen und vorsichtig umrühren, bis das Glas außen vereist ist. Mit Soda

nach Geschmack auffüllen.
Scotch Whisky Flip
5 cl Scotch Whisky, 1 cl Zuckersirup, 2 cl Sahne, 1 Eigelb.
Die Zutaten mit Eiswürfeln im Shaker kurz und kräftig schütteln, in ein Flip Glas oder einen Sektkelch abseihen und mit etwas Muskat bestreuen.
Scotch Cherry
4 cl Scotch Whisky, 2 cl Cherry Brandy/Kirschlikör, 2 cl Zitronensaft, 2 cl Orangensaft.
Den Rand einer Cocktail Schale in einem Zitronenviertel drehen und in eine mit Zucker gefüllte Schale tupfen. Die Zutaten mit Eiswürfeln im Shaker gut schütteln und in die Cocktail Schale abseihen.
Scotch Sour
5 cl Scotch Whisky, 3 cl Zitronensaft,
1-2 cl Zuckersirup.
Die Zutaten im Shaker mit Eiswürfeln kräftig schütteln und in ein Stiel Glas abseihen. Mit einer Cocktail Kirsche und einer halben Orangenscheibe garnieren.
Horse's Neck II
Eiswürfel, 6 cl Whisky, etwa 100 ml Ginger Ale, lange dünne Streifen aus der abgeschälten Schale einer unbehandelten Zitrone.
Die Eiswürfel in ein bauchiges Cocktailglas legen, den Whisky darüber gießen und mit Ginger Ale auffüllen. Zitronenschale ans Glas hängen.
Scotch Apple
4 cl Scotch Whisky, 2 cl Calvados, 2 cl Zitronensaft,
1 cl Zuckersirup.
Whisky Sour
Mit Eiswürfeln im Shaker gut schütteln und in einen Tumbler auf einige Eiswürfel abseihen. Mit Zitronenscheibe, Cocktailkirsche und einer Apfelschale garnieren.
Affinity
Eiswürfel, 3 cl Whisky, 1 1/2 cl Vermouth Rosso, 1 1/2 cl

Vermouth Dry,
2 Tropfen Angostura.
Rührglas mit den Eiswürfeln füllen und Whisky drüberlaufen lassen. Beide Vermouth-Sorten hinzufügen und Cocktail mit etwas Angostura würzen. Umrühren und durch Sieb in ein Cocktailglas abgießen.

Boston Flip
3 cl Canadian Whisky, 2 cl Roter Portwein, 1 cl Zuckersirup, 2 cl Sahne, 1 Eigelb.
Mit Eiswürfeln im Shaker kurz und kräftig schütteln, in ein Flipglas oder einen Sektkelch abseihen und mit etwas Muskat bestreuen.

Louisiana
Eiswürfel, 2 cl Southern Comfort, 1 1/2 cl Vermouth Dry, 4 1/2 cl Whisky,
4 1/2 cl Zitronensaft, 1 1/2 cl Pfirsichsaft, 3 cl Orangensaft.
Alle Zutaten im Rührglas verrühren, durchs Sieb in ein Longdrinkglas abseihen.

Tequila-Cocktails

Tequila Sunrise
6 cl Tequila, 10 cl Orangensaft, 1 cl Zitronensaft,
2 cl Grenadine.
Tequila, Orangen- und Zitronensaft mit Eiswürfeln im Shaker gut schütteln und in ein mit gestoßenem Eis gefülltes Longdrinkglas abseihen. Grenadine darüber laufen lassen. Mit einer Orangenscheibe garnieren. Vor dem Trinken umrühren.

Mexicana
4 cl Tequila, 4 cl Ananassaft, 1 cl Zitronensaft,
1 Spritzer Grenadine.
Alle Zutaten in einem Shaker mit crushed Eis schütteln. Anschließend in ein Longdrinkglas (mit Eiswürfel) abgießen.

Mit Zitronenscheibe dekorieren.

Tampico
5 cl Tequila, 2 cl Galliano, 6 cl Preiselbeersaft, 3 cl Ananassaft.
Mit Eiswürfeln im Shaker gut schütteln und in ein Old-Fashioned-Glas auf einige Eiswürfel abseihen. Mit einer Limonenscheibe und Cocktailkirschen garnieren.

Tequila Sour
5 cl Tequila, 3 cl Zitronensaft, 1-2 cl Zuckersirup.
Die Zutaten mit Eiswürfeln im Shaker kräftig schütteln und in ein Stielglas abseihen. Mit einer halben Orangenscheibe und einer Cocktailkirsche garnieren.

Numero Uno
3 cl Tequila, 3 cl Amaretto, 6 cl Sahne.
Mit Eiswürfeln im Shaker gut schütteln und in eine Cocktailschale abseihen.

Strawberry Margarita
4 cl Tequila, 2 cl Cointreau, 2 cl Zitronensaft, 3-5 Erdbeeren, Eiswürfel.
Den Rand einer Cocktailschale in einem Zitronenviertel drehen und in eine mit Zucker gefüllte Schale tupfen. Die Zutaten im Elektromixer gut durchmixen und in das vorbereitete Glas füllen. Mit einer Erdbeere garnieren.

Zorro
4 cl Tequila, 2 cl Cointreau, 1 cl Curaçao Blue, 4 cl Grapefruitsaft, Tonic Water.
Die Zutaten - ohne Tonic Water - in einen mit Eiswürfeln gefüllten Shaker gut schütteln und in ein Longdrinkglas auf einige Eiswürfel abseihen. Mit Tonic Water auffüllen. Mit einer Orangenscheibe und Cocktailkirschen garnieren.

Margarita
4 cl Tequila, 2 cl Cointreau, 2 cl Zitronensaft, Eiswürfel.
Den Rand einer Cocktailschale in einem Zitronenviertel drehen und in eine mit Salz gefüllte Schale tupfen. Das nicht haftende Salz durch leichtes Klopfen am Rand entfernen.Die

Zutaten im Elektromixer gut durchmixen und in das vorbereitete Glas füllen.
Margarita in Longdrink-Gläsern

Sangrita

5 cl Tequila Gold, 5 cl Tomatensaft, 1 Spritzer Zitronensaft, 1 Prise schwarzer Pfeffer.
Tequila ungekühlt in ein Schnapsglas einfüllen.
Den Tomatensaft in mit den restlichen Zutaten in ein weiteres Schnapsglas geben. Die beiden Drinks abwechselnd genießen.

Rum-Cocktails

Planters Punch

Saft von 1/2 Limette, 100 ml Orangensaft, Zuckersirup nach Geschmack, 5 cl brauner Rum, Eiswürfel, etwa 2 cl Sodawasser.
Limetten- und Orangensaft in den Shaker geben, einmal kurz umrühren und dann mit Zuckersirup nach Belieben Süßen. Rum und Eiswürfel hinzufügen und alles kräftig schütteln, bis der Shaker außen beschlägt. Durch ein Sieb in ein Longdrinkglas abseihen und mit dem Soda- oder Mineralwasser verlängern.

Cuba Libre

1/2 unbehandelte Limette, Eiswürfel, 6 cl weißer Rum (Havanna Club), etwa 100 ml Cola.
1/2 Limette im Barglas mit einem Stößel auspressen.
Weißen Rum dazu geben und mit einem Barlöffel umrühren.
In ein Glas mit Eiswürfeln abseihen.
Evtl. ein paar Limettenspalten hinzufügen.
Mit Cola aufgießen. Leicht umrühren.

Cuba Libre-Daiquiri

Eiswürfel, 5 cl weißer Rum, 1 1/2 cl Limetten- oder Zitronensaft, 1/2 TL Zuckersirup.
Das Cocktailglas im Gefrierfach gut vorkühlen. Alle Zutaten im Shaker kräftig schütteln und anschließend durch das Sieb in das eiskalte Glas umfüllen.

TIPP: Daiquiri kann mit vielen exotischen Früchten oder heimischen Beeren abgewandelt werden. Am bekanntesten ist der Strawberry Daiquiri, der zusätzlich
2 TL Erdbeersirup und evtl. frische Erdbeeren enthält.
Frozen Daiquiris mixt man im Elektromixer mit 4 EL crushed Ice statt der Eiswürfel und füllt sie anschließend nur noch in ein vorgekühltes Glas um.

Zombie

4 cl weißer Rum, 4 cl Brauner Rum, 2 cl hochprozentiger Jamaica Rum, 2 cl Cointreau,
2 cl Grenadine, 2 cl Maracujasirup, 4 cl Zitronensaft, 4 cl Orangensaft,
4 cl Ananassaft.
Die Zutaten mit Eiswürfeln im Shaker gut schütteln und in ein zur Hälfte mit gestoßenem Eis gefülltes Longdrinkglas abseihen. Mit einem Ananasstück, einer Cocktailkirsche und Minze garnieren.

Cubanito

Selleriesalz, frisch gemahlener Pfeffer, 2 Spritzer Tabasco, 3-5 Spritzer Worcestershire Sauce, 1 cl Zitronensaft, 5 cl Weißer Rum, 12 cl Tomatensaft.
In ein Longdrinkglas auf einige Eiswürfel die Gewürze, Zitronensaft und den Rum geben, mit Tomatensaft auffüllen und gut rühren.

Mai Tai

Eiswürfel, 2 cl weißer Rum, 2 cl brauner Rum, 1 cl Curacao Tripple Sec,
1 cl Limettensaft, 3 cl Orangensaft, 3 cl Ananassaft, 1 Spritzer Grenadinesirup.
Alle Zutaten für den Mai Tai im Rührglas kräftig verrühren und durch das Sieb in ein Longdrinkglas füllen.

Pina Colada

4 EL crushed Ice, 6 cl weißer Rum, 100 ml Ananassaft, 6 cl Kokosnusscreme.
Alle Zutaten im Elektromixer auf höchster Stufe schaumig

mixen. Durch ein Sieb in ein mit crushed Ice halb gefülltes Longdrinkglas oder ein bauchiges Glas abseihen.
Evtl. noch 2 cl Sahne unter den Colada mixen.

Strawberry Colada
6 cl weißer Rum, 6 cl Ananassaft, 2 cl Zitronensaft,
4 cl flüssige Cream of Coconut, einige Erdbeeren, crushed Ice. Evtl. 1 Scheibe Ananas in Stücke geschnitten.
Die Zutaten im Elektromixer gut durchmixen und in ein mit crushed Ice halb gefülltes Longdrinkglas gießen. Mit einer Erdbeere am Glasrand dekorieren.

Mehr Coladas

Golden Gate Sling
3 cl weißer Rum, 3 cl Cointreau, 3 cl Zitronensaft, 2 cl Grenadine, Bitter Orange.
Die Zutaten - ohne Bitter Orange - mit Eis im Shaker gut schütteln und in ein zur Hälfte mit Eis gefülltes Longdrinkglas abseihen. Mit Bitter Orange auffüllen und mit einer Zitronenscheibe und Cocktailkirschen garnieren.

Pineapple Fizz
5 cl weißer Rum, 3 cl Zitronensaft, 2 cl Zuckersirup, 6 cl Ananassaft, Sodawasser.
Die Zutaten - ohne Sodawasser - mit Eiswürfeln lange und kräftig schütteln und in ein Longdrinkglas abseihen. Mit etwas Sodawasser auffüllen.

Banana Royal
½ Banane, 5 cl brauner Rum, 8 cl Ananassaft, 2 cl Sahne, 4 cl flüssige Cream of Coconut.
Im Elektromixer gut durchmixen, die Mischung im Shaker mit Eiswürfeln gut schütteln und in ein Longdrinkglas auf einige Eiswürfel abseihen. Mit Früchten garnieren.

Gin-Cocktails

Gin Fizz
5 cl Gin, 3 cl Zitronensaft, 2 cl Zuckersirup, Sodawasser.
Die Zutaten - ohne Sodawasser - mit Eiswürfeln im Shaker kräftig schütteln. In ein Longdrinkglas abseihen und mit etwas Sodawasser auffüllen.

Singapur Sling
4 cl Gin, 2 cl Brandy, 3 cl Zitronensaft,
1 cl Grenadine, Sodawasser.
Die Zutaten - ohne Sodawasser - mit Eiswürfeln im Shaker gut schütteln und in ein Longdrinkglas auf einige Eiswürfel abseihen. Mit etwas Sodawasser auffüllen.
Mit einer Zitronenscheibe und Cocktailkirsche garnieren.

Martini Cocktail
5 cl Dry Gin, 1 cl Vermouth Dry.
Die Zutaten im Rührglas mit Eiswürfeln vermischen und in ein vorgekühltes Martiniglas abseihen. Ganz wichtig für den Geschmack ist eine grüne Olive, die direkt ins Glas gegeben wird.

Tom Collins
5 cl Gin, 3 cl Zitronensaft, 2 cl Zuckersirup, Sodawasser.
Die Zutaten (ohne Soda) auf Eiswürfeln verrühren und mit Sodawasser auffüllen.
Mit einer Zitronenscheibe (Glasrand) und Cocktailkirsche (ins Glas) garnieren.

Big Ben
5 cl Gin, 2 cl Zitronensaft, 4 cl Orangensaft,
1 cl Grenadine Bitter Lemon.
Die Zutaten - ohne Bitter Lemon - mit Eiswürfeln im Shaker gut schütteln und in ein Longdrinkglas auf Eiswürfel abseihen.
Mit Bitter Lemon auffüllen.

Tom Collins-White Lady

4 cl Gin, 2 cl Cointreau, 2 cl Zitronensaft.
Im Shaker mit Eiswürfeln gut schütteln und in eine Cocktailschale abseihen.

Pimm's Cup No. 1
6 cl Pimm's No. 1, Ginger Ale (oder Zitronenlimonade), Salatgurkenscheiben, Zitrusfrüchte (Zitrone, Orange), frische Minze, evtl. Erdbeeren.
In ein Longdrinkglas Eiswürfel geben. Gurkenscheibe, etwas Minze, Orangenscheibe und Zitronenscheibe ins Glas und Pimm`s No. 1 darüber gießen.
Mit Ginger Ale auffüllen und vorsichtig umrühren.
Salatgurke im Cocktail mag ungewöhnlich klingen, es verleiht diesem Cocktail aber einen passendes Aroma.

Red Snapper
5 cl Gin, 1 cl Zitronensaft, 12 cl Tomatensaft, 3-5 Spritzer Worchestersauce, 2 Spritzer Tabasco, frisch gemahlener Pfeffer, Selleriesalz.
Die Gewürze, den Gin und den Zitronensaft in ein Longdrinkglas mit einigen Eiswürfeln geben, den Tomatensaft auffüllen und gut rühren.

Golden Fizz
5 cl Gin, 3 cl Zitronensaft, 2 cl Zuckersirup, 1 Eigelb, Sodawasser.
Die Zutaten - ohne Sodawasser - mit Eiswürfeln im Shaker kräftig schütteln. In ein Longdrinkglas abseihen und mit etwas Sodawasser auffüllen.

Orange Fizz
5 cl Gin, 5 cl Orangensaft, 2 cl Zitronensaft, 1 cl Zuckersirup, Sodawasser.
Die Zutaten - ohne Sodawasser - mit Eiswürfeln im Shaker kräftig schütteln.
In ein Longdrinkglas abseihen und mit etwas Sodawasser auffüllen.

Cointreau - Cocktails

B52
2 cl Cointreau, 2 cl Kaffeelikör, 2 cl Irish Cream-Likör.
In dieser Reihenfolge vorsichtig über den Rücken eines Barlöffels in ein dünnes Glas gießen um die einzelnen Schichten zu erhalten.

Cointreau Lime on Ice
4 cl Cointreau, 4 cl Limonensaft, 4 cl Wasser.
In ein Old-Fashioned-Glas zwei Eiswürfel geben. Cointreau, Wasser und Limonensaft mit dem Barlöffel leicht umrühren. Ein Limonenstück über dem Glas auspressen und in den Drink geben.

Velvet Hammer
4 cl Cointreau, 2 cl Crème de Cacao (weiss), 4-6 cl Sahne.
Mit Eiswürfeln im Shaker gut schütteln und in eine Cocktailschale abseihen.

Rising Sun
3 cl Cointreau, 6 cl Grapefruitsaft, 3 cl Saké.
Die Zutaten im Shaker mit Eiswürfeln gut schütteln und in ein Glas Abseihen. Einen Tropfen Granatapfellikör (o. Grenadine) beifügen. Rühren. In ein becherförmiges Glas füllen. Garnierung: Limetten- oder Zitronenscheibe, Kirsche.

Cointreau Fiction
4 cl Cointreau, 2 cl Orangensaft, 2 cl Zitronensaft, Sodawasser.
Den Cointreau und die Säfte in ein Longdrinkglas mit Eiswürfeln geben und mit etwas Sodawasser auffüllen. Mit einer Orangenscheibe garnieren.

Springtime
2 cl Cointreau, 4 cl Wodka, 6 cl Orangensaft.
Im Shaker mit Eiswürfeln gut schütteln und in einen Tumbler auf Eiswürfel abseihen. Mit einer Orangenscheibe und einer Cocktailkirsche garnieren.

Cointreau Fiesta

2 cl Cointreau, 1 cl Cremè de Banana, Champagner oder Sekt.
Cointreau, Bananenlikör und einen Eiswürfel in eine Champagnertulpe geben und mit Champagner oder Sekt auffüllen. Mit einer Orangenschale abspritzen und diese dazugeben.

Black Sun
4 cl Cointreau, 2 cl brauner Rum, Cola zum Auffüllen.
Die Zutaten in ein Longdrinkglas auf Eiswürfel geben und mit eiskalter Cola auffüllen.

Long Island Icetea
2 cl Tequila, 2 cl brauner Rum, 2 cl Wodka, 2 cl Gin, 2 cl Cointreau, 3 cl Zitronensaft,
2 cl Orangensaft, Cola.
Alle Zutaten bis auf die Cola zusammen mit Eis in einem Shaker kräftig schütteln. Den Drink anschließend in ein Longdrinkglas mit Eis und füllen und mit Cola auffüllen.

Cognac-Cocktails

Floater
2-4 cl Cognac oder Brandy, 150 ml Mineralwasser.
Ein Longdrinkglas mit Eis füllen und das Wasser einfüllen. Dann kurz stehen lassen bis sich die Oberfläche etwas beruhigt hat. Einen Esslöffel mit der Rundung oben, innen an den Glasrand halten und vorsichtig den Cognac eingießen.

Side Car
4 cl Cognac, 2 cl Cointreau, 2 cl Zitronensaft.
Mit Eis gut shaken und in ein gekühltes Glas abseihen.

American Sea
2 cl Cognac, 2 cl Vermouth Dry, 1 cl Creme de Menthe grün, 3 cl Orangensaft.
Die im Shaker mit Eis geschüttelten Zutaten in eine vorgekühlte Cocktailschale abseihen.

Rolls Royce
3 cl Cognac, 3 cl Cointreau, 6 cl Orangensaft, 1 Eiweiß.
Die Zutaten im Shaker mit Eiswürfeln gut schütteln und in eine Cocktailschale abseihen. Eine Cocktailkirsche dazugeben.

Brandy Alexander
4 cl Cognac oder Brandy, 2 cl Crème de Cacao Braun 4-6 cl Sahne.
Mit Eiswürfeln im Shaker gut schütteln und in eine Cocktailschale abseihen. Mit etwas Muskat bestreuen.

Alba
3 cl Cognac, 2 cl Orangensaft, 1 cl Himbeersirup.
Alle Zutaten im Shaker mit Eiswürfeln kräftig schütteln und anschließend in eine vorgekühlte Cocktailschale abseihen. Mit einer Orangenscheibe garnieren.

Between the Sheets
2 cl Cognac, 1 cl weißer Rum, 2 cl Cointreau, 1 cl Zitronensaft.
Die Zutaten im Shaker mit Eiswürfeln gut schütteln und in eine Cocktailschale abseihen. Eine Cocktailkirsche dazugeben.

French Connection
3 cl Cognac, 3 cl Amaretto.
Den Drink direkt im Old-Fashioned-Glas zubereiten. Beide Zutaten mit einem Eiswürfel verrührt werden.

Pompeii
2 cl Cognac, 2 cl Crème de Cacao (weiß), 2 cl Amaretto, 4-6 cl Sahne.
Mit Eiswürfeln im Shaker gut schütteln und in eine Cocktailschale abseihen. Einige Mandelsplitter auf den fertigen Drink streuen.

East Indies
4 cl Cognac, 2 cl Curaçao Orange, 2 cl Ananssaft, 1 cl Zitronensaft, 1 Spritzer Angostura, Sodawasser.

Die Zutaten - ohne Sodawasser - mit Eiswürfeln im Shaker gut schütteln und in ein Longdrinkglas auf einige Eiswürfel abseihen. Mit etwas Sodawasser auffüllen.
Mit einem Stück Ananas und einer Cocktailkirsche garnieren.

Campari-Cocktails

Latin Lover's Kiss
Eiswürfel, 3 cl Campari, 1 cl Himbeersirup, 2 cl Sahne.
Alle Zutaten im Rührglas kräftig verrühren. In ein Cocktailglas abseihen.

Campari-O
4-6 cl Campari, (frisch gepresster) Orangensaft.
Campari in ein Glas mit Eiswürfeln geben und langsam mit Orangensaft auffüllen.

Negroni
3 cl Campari, 3 cl Vermouth Rosso, 3 cl Gin.
Campari, Gin und Vermouth mit Eiswürfeln in einen Tumbler geben und umrühren.
Mit einem Stück Orangenschale abspritzen und diese mit ins Getränk geben.

Campari mit Orangensaft auf Eis

Campari Blossom
4 cl Campari, 4 cl Orangensaft, Champagner oder Sekt.
In ein mit Eiswürfeln gefülltes Longdrinkglas geben und kurz umrühren. Eine Orangenscheibe an den Glasrand stecken.

Rosalita
Eiswürfel, 3 cl Tequila, 2 cl Vermouth Dry, 1 cl Campari.
Alle Zutaten im Shaker schütteln und den Drink durchs Sieb ins Cocktailglas abseihen.

Tropic Campari

3 cl Campari, 2 cl Gin, 2 cl Grand Marnier, 4 cl Orangensaft, Bitter Orange (Schweppes)

Die Zutaten - ohne Bitter Orange - mit Eiswürfeln im Shaker kräftig schütteln und in ein Longdrinkglas auf einige Eiswürfel abseihen. Mit Fruchtspieß und Minzezweig garnieren.

Campari Caribic

4 cl Campari, 8 cl Maracujanektar, 2 cl Zitronensaft, 2 cl Sahne, 2 Barlöffel feste oder 4 cl flüssige Cream of Coconut.

Die Zutaten im Elektromixer gut durchmixen.
Die Mischung im Shaker mit Eiswürfeln gut schütteln und in ein Longdrinkglas auf einige Eiswürfel abseihen.
Mit Fruchtspieß und Minzezweig garnieren.

Americano

3 cl Campari, 3 cl Vermouth Rosso, Sodawasser.

Campari und Vermouth mit Eiswürfeln in ein Longdrinkglas geben, mit Sodawasser auffüllen und leicht umrühren. Mit einem Stück Orangenschale abspritzen und diese mit ins Getränk geben.

Bitter Sweet

5 cl Kirschsaft, 5 cl Orangensaft, 5 cl Bittersirup, Eiswürfel, 5 cl Sodawasser,
1 kleines Stück unbehandelte Orangenschale.

Campari Soda

Die Fruchtsäfte mit dem Bitter und dem Eis im Shaker kräftig durchschütteln.
Durch ein Sieb in ein großes Sektglas abseihen.

Silver Campari

2 cl Campari, 2 cl Gin, 1 cl Zuckersirup, 6 cl Sekt.

Alle Zutaten (außer Sekt) zusammen im Shaker mit Eis kräftig schütteln und in ein Longdrinkglas abseihen, mit Sekt auffüllen. Mit einer Zitronenschale abspritzen.

Cachaca-Cocktails

Caipirinha
1/2 Limette, ca. 2 gehäufte Teelöffel brauner Rohrzucker, ca. 4-6 cl Cachaça, Crushed Ice.
Die halbe Limette wird in kleine Stücke (1/8) geschnitten und zusammen mit dem Zucker in einem stabilen Glas zerquetscht. Anschließend wird das Glas mit Crushed Ice aufgefüllt, der Cachaça hinzugegeben und umgerührt.

Arranco
4 cl Cachaca, 2 cl Kirschlikör oder Cherry Brandy, 2 cl Zitronensaft, 6 cl Orangensaft.
Die Zutaten werden mit Eis im Shaker gut geschüttelt. Danach in ein breites Glas auf Eis abgeseiht.

Batida de Maracuja con Limao
2 Limonen, 6 cl Cachaca, 4 cl Maracujasaft.
In ein großes Glas Eiswürfel geben. Die Limonen vierteln und den Saft in ein Glas pressen. Einige Limonenstücke dazugeben, danach den Maracujasaft und den Cachaca. Gut rühren.

Batida de Abracaxi
1 Limone, 6 cl Cachaca, 4 cl Ananassaft, 1 Barlöffel Zuckersirup.
Ein großes Glas mit Eiswürfeln füllen. Die Limone vierteln, den Saft ins Glas pressen und die Limonenstücke dazugeben. Zuckersirup, Ananassaft und den Cachaca dazugeben, gut umrühren.

Batida de Mel
2 Limonen, 6 cl Cachaca, 4 cl Limonensaft, 1 Barlöffel Honig.
Ein großes Glas mit Eiswürfeln füllen. Die Limone vierteln, den Saft ins Glas pressen und die Limonenstücke dazugeben, danach den Cachaca und Limonensaft. Gut verrühren. Den Honig auf das fertige Getränk fließen

lassen.

Brasilian Macho
6 cl Cachaca, 1-2 Limonen, Ginger Ale.
In ein Longdrinkglas einige Eiswürfel geben. Die Limonen vierteln und den Saft in das Glas pressen. Die Limonenstücke dazugeben. Den Cachaca dazugießen, mit Ginger Ale auffüllen und leicht umrühren.

Woody Woodbecker
2 cl Cachaca, 15 cl Orangensaft, 1 cl Galliano.
Orangensaft und Cachaca mit Eiswürfeln in einen Shaker geben. Kräftig schütteln und durch ein Barsieb auf einige Eiswürfel in ein Longdrinkglas abseihen. Den Galliano vorsichtig auf den Drink gießen und mit einer Orangenscheibe garnieren.

Coco loco
3 cl Cachaca, 3 cl Kokussirup, 4 cl Ananassaft, 1 cl Pfefferminzsirup.
Alle Zutaten mit Eis shaken und in ein Longdrinkglas auf crushed Ice abseihen.

Cachaca Tonic
4 cl Cachaca, Tonic Water.
Den Cachaca in ein mit Eiswürfeln gefülltes Longdrinkglas gießen. Mit Tonic-Water auffüllen. Eine halbe Zitronenscheibe dazugeben.

Absinth-Cocktails

Absinth Sour
4 cl Absinth, 4 cl Zuckersirup, 1/2 frisch gepresste Zitrone, 1 Eiweiß.
Mit Eis gut shaken und in ein gekühltes Glas abseihen.

Grüne Fee
3 cl Absinth, 3 cl Wasser, 2 Barlöffel Eiweiß, 1 Spritzer Angostura, 1 Zitrone.
Die Zitrone auspressen und mit den anderen Zutaten, sowie

Eiswürfeln im Shaker gut schütteln. Danach in ein Cocktailglas abseihen.

Vinyl Sunset
3 cl Absinth, 2 cl Cassis, 1 Spritzer Limettensaft, Soda/Limonade zum Auffüllen.
Absinth, Cassis, Limettensaft und Eiswürfel in ein Longdrinkglas geben und mit Soda oder Limonade auffüllen.

Sazerac
2 cl Absinth, 6 cl Whiskey, 1 Teelöffel Zucker und 3 Tropfen Angostura.
Absinth in ein vorgekühltes Glas geben und das Glas so schwenken, daß der Absinth die gesamte Innenseite benetzt. Die restlichen Zutaten mit Eis Eis in den Shaker geben und gut schütteln. Durch einen Sieb in das benetzte Absinth-Glas abgießen.

Absinth Kamikaze
1 cl Absinth, 1 cl Bourbon Whiskey, 1 cl Cointreau, 1 cl Dry Gin, 1 cl brauner Rum,
1 cl Tequila, 1 cl Wodka, 1 cl Grenadine.
Alle Zutaten bis auf den Absinth in Rührglas gut vermischen und anschließend durch ein Barsieb in ein vorgekühltes Glas seihen. Den Absinth über die Rückseite eines Löffels am Glasrand hinablaufen lassen und anzünden.

Absinth Bowle
6 Flaschen Weißwein, 3 Gläser Schattenmorellen, 3 Dosen gemischtes Obst,
4 Flaschen Prosecco, 1 Flasche Absinth, Würfelzucker.
Zuerst den Weißwein und die Früchte ansetzen, danach den Absinth dazugeben und kalt stellen. Kurz vor dem Servieren Prosecco hinzugeben. Anschließend den Würfelzucker in Absinth beträufeln und über der/dem Bowle/Glas karamellisieren lassen. Je länger die Früchte ziehen, desto stärker wird die Bowle.

Maiden's Blush
4 cl Dry Gin, 2 cl Absinth, 1 Barlöffel Grenadine.

Alle Zutaten mit Eis im Shaker gut schütteln und durch das Barsieb in ein vorgekühltes Glas abgießen.

Italian Cocktail

2 cl Fernet Branca, 4 cl Vermouth Bianco, 1 cl Rum, 1 Spritzer Absinth.

Die Zutaten in einem Rührglas gut vermischen und danach durch ein Barsieb in eine Cocktailschale seihen.

Absinth Margarita

2 cl Absinth, 2 cl Tequila, 2 cl Zitronensaft, 2 cl Cointreau. Absinth, Tequila und Zitronensaft in einem Rührglas mit Eiswürfeln gut vermischen. Danach in ein Glas seihen und mit Cointreau auffüllen.

SCHÜTZEN - GERMANY

B52

Kahlua

Baileys

Cointreau

HELL RAISER

Erdbeer-Likör

Midori

Sambuca

ANABOLE STEROIDE

Midori

Blue Curacao

Cointreau

ENGEL-TIPP

Weiße Creme de cacao

Baileys

NACH ACHT

Kahlua

Crème de Jahresabonnement

Baileys

RUTSCHIGE NIPPEL

30ml Sambuca

15ml Baileys
KLEEBLATT
Weiße Creme de cacao
Crème de Jahresabonnement
Baileys
ZUCKERSTANGE
Grenadine
Crème de Jahresabonnement
Wodka
MICHELLES RUSH
Kahlua
Baileys
Bacardi
MARNIE und CAM (Leder und Spitze)
Kahlua
Wodka
Baileys
OKANAGON
Blaue Caraco
Erdbeer-Likör
Malibu
MONKEY'S PUNCH
Kahlua
Crème de Jahresabonnement
Baileys
VIEWBANK ORGASMUS
Baileys
Cointreau
COCKTAILS LIQUID ECSTASY
30ml Midori
15ml Bacardi
15ml blau Caraco
15ml Zitronensaft
60ml Ananassaft
(shaken und dann abseihen)

SCHWARZE RUSSISCHE
30ml Wodka
30ml Kahlua
(bauen Sie auf Eis)
BLUE HAWAII
30ml Bacardi
30ml blau Caraca
60ml Ananassaft
30ml Zuckersirup
30ml Zitronensaft
(über Eis mischen und Gießen)
GOLDENE "WUFF" MASCHINE
30ml Galliano
30ml weiß Creme de cacao
30ml Sahne
(schütteln Sie über Eis und Belastung)
GOLDEN DREAM
30ml Galliano
15ml Cointreau
30ml Orangensaft
30ml Sahne
(schütteln Sie über Eis und Belastung)
GRASS HOPPER
30ml Crème de Jahresabonnement
30ml weiß Creme de cacao
30-60ml Sahne
(schütteln Sie über Eis und Belastung)
RAZZA WALLBANGER
30ml Wodka
15ml Galliano
120ml Orangensaft
(bauen Sie auf Eis)
"CAM" IKAZE
30ml Wodka
30ml Cointreau

30ml Zitronensaft
5ml Lime cordial
(schütteln Sie über Eis und Belastung)
FLAMING LAMBORGHINI
30ml Kahlua
30ml Cointreau
30ml Sambuca
Creme
(bauen, Leuchten, ausblasen und Creme übergießen)
PINA-CARINA
30ml Bacardi
30ml Sahne
30ml Malibu
120ml Ananassaft
(schütteln Sie über Eis und Belastung)
JACQUI SPICE
45ml Midori
30ml Malibu
30ml Ananassaft
15ml Creme
(schütteln Sie über Eis und Belastung)
GLATTE JEREMY
30ml Midori
15ml Kahlua
70ml Ananassaft
30ml Sahne
30ml Kokoscreme
(schütteln Sie über Eis und Belastung)
ADGE LAWINE
30ml Cointreau
30ml Kahlua
30ml Orangensaft
50ml Sahne
(shaken und dann abseihen)
BOJUN KOKOS-CREME

30ml Baileys
15ml Malibu
60ml Orangensaft
30ml Sahne
Schuss Grenadine
(in dieser Reihenfolge zu verwechseln)
CAREBEAR UMARMUNG
30ml Baileys
15ml Wodka
60ml Sahne
(shaken und dann abseihen)
BLUE SEAS
15ml Galliano
30ml blau Caraco
10ml Crème de Jahresabonnement
(über Eis gießen und oben mit Limonade)
DESERT ISLAND
30ml Bacardi
45ml Midori
60ml Ananassaft
(schütteln, Dehnung und oben mit Sahne)
WAHRSAGERIN
30ml Bacardi
15ml Cointreau
15ml Galliano
30ml Zitronensaft
Prise Zuckersirup
(shaken und dann abseihen)
FRANZÖSISCHE "ENIS" KISS
30ml Cointreau
15ml Galliano
30ml Kahlua
60ml Sahne
(oben gemischt Zutaten mit Galliano und Flamme)
HÖHENFLUG

30ml Baileys
30ml Cointreau
15ml Galliano
(über Eis Gießen)
GRÜNER DRACHE
40ml Midori
10ml Zitronensaft
(dann im Shaker, 15ml Galliano, 30ml Sahne fügen Sie hinzu, schütteln Sie und belasten Sie zusätzlich Midori und Zitronensaft)
MARNIE MUND
30ml Cointreau
45ml Midori
10ml Zitronensaft
15ml Orangensaft
15ml Ananassaft
Grenadine
(mischen Sie, bis mit Kugel Eis gefroren, Gießen Sie Grenadine in Glas, Gießen Sie Zutaten an der Spitze)
ITALIENISCHE HENGST
30ml Galliano
30ml Sambuca
60ml Sahne
(shaken und dann abseihen)
SANDYS PANTOFFEL
30ml Midori
30ml Cointreau
30ml Zitronensaft
(schütteln Sie über Eis und Belastung)
MIDORI-COOP
30ml Midori
30ml weiß Creme de cacao
45ml Sahne
(shaken und dann abseihen)
BENS MAGIE

60ml Midori
15ml Cointreau
60ml Sahne
(schütteln Sie über Eis und Belastung)

BLAYNER BALL
45ml Midori
30ml Wodka
60ml Ananassaft
60ml Orangensaft
(shaken und dann abseihen)

PETES PARADIES
45ml Cointreau
45ml Midori
30ml Ananassaft
10ml Zitronensaft
(schütteln Sie über Eis und Belastung)

SHAGGIN' SHANE
30ml Erdbeer Likör
30ml Galliano
30ml Zitronensaft
30ml Orangensaft
(shaken und dann abseihen)

ZYKLON-MARK
30ml Blue Curacao
30ml Midori
15ml Cointreau
(top mit Ananassaft und bauen mit Eis)

ILLUSION
30ml Midori
15ml Cointreau
15ml Wodka
45ml Ananassaft
(schütteln Sie über Eis und Belastung)

Apfel- Cocktail
Zutaten: Mandeln, Amaretto, Apfel-Schnaps, Kaffee Likör

(Kalua), Limette, Orangensaft, Ananassaft
Apfel- Cocktail

Schwarze russische
Zutaten: Wodka, Kaffee-Likör (Kalua)
4cl Wodka mit Kaffee 2cl Likör in ein Whiskey Glas einrühren. Eis hinzufügen.

Bloody Mary
Zutaten:, Worcestersauce, Tabasco, Tomatensaft, Zitrone
4cl Wodka, 1cl Zitrone Saft, Salz, 1 Spritzer Worcestersauce, 1 Spritzer Tabasco, schwarzer Pfeffer, 10cl Tomatensaft in Boston-Shaker. Gut schütteln und in ein Cocktail mit Eis gefülltes Glas gießen.

Blauer Engel
Zutaten: Curaçao Blue, Champagner
2cl Blue Curacao in ein Glas Champagner. Mit Champagner auffüllen.

Mutige Bull
Zutaten: Tequila, Kaffee-Likör (Kalua)
Matrize: 1cl Tequila, 1cl Kalua.

Caipirinha
Zutaten: Zitrone, Cachaca (Pitu)
Legen Sie 2 Zitronen in Achtel geschnitten in einem Whiskey Glas und zerdrücken. 2 Teelöffel brauner Zucker, 4 cl Cachaca (Pitu), auffüllen mit zerstoßenem Eis.

Casablanca
Zutaten:, Eierlikör, Zitronensaft, Orangensaft
3cl Wodka, 2cl Eierlikör (Eierlikör), Zitronensaft 2cl Orangensaft, 4cl Orangensaft mit Eis im Shaker gut schütteln und in ein mit Eis gefülltes Collins Glas gießen. Strohhalm trinken.

Cosmoquila
Zutaten: Cointreau, Limette, Tequila
2 oz Casa Noble Tequila Crystal oder Gold, 1 Unze Cointreau, 0,5 oz frischer Limettensaft. Schütteln Sie der Zutaten im Glas mit Eis mischen und dann anschließend in

ein Cocktail Glas abseihen.

Cou Cou Comber
Zutaten:, Zitronensaft, Pastis
4cl Wodka, 2cl Zitronensaft Juics gestrichelt zwei Pastis (zB. Pernod) und zwei stürzte der Zucker Sirup in einen Shaker geben. Erhalten Sie eine halbe Gurke, hohlen es aus und gießen Sie den gut geschüttelt Drink in die Gurke. Mit einem Strohhalm trinken.

Cuba Libre
Zutaten: Limetten, brauner Rum, Coca Cola
Dash Limettensaft, 4cl Rum in ein mit Eis gefülltes Longdrink-Glas. Ein Stück Limette und füllen sich mit Coca-Cola. Mit einem Trinkhalm servieren.

Daiquiri, braun
Zutaten: Brauner Rum, Lime
4cl braunen Rum (Havanna Club), 2cl Limettensaft, 1cl Zuckersirup mit Eis im Shaker.

Daiquiri, weiß
Zutaten: Weißer Rum, Limette
4cl weißer Rum (Havanna Club), 2cl Limettensaft, 1cl Zuckersirup mit Eis im Shaker.

Duc und Hugos wilde Party - Mix
Zutaten: Wodka, Tequila, Coca Cola
Mischen Sie Tequila mit Wodka und Cola. Cola Eiswürfel hinzufügen und umrühren. Einem Spritzer Zitronensaft eine Prise Zucker und einem Strohhalm, und genießen Sie wie Duc und Hugo 'Faggers' Fagandini auf wilde Nächte

Feelin blue
Zutaten: Curaçao Blue, Limette, Wodka
großer Geschmack, nicht aber zu viel trinken

French 75
Zutaten: Gin, Zitronensaft, Grenadine, Champagner
3cl Gin, 2cl Zitronensaft, Orangensaft, Grenadine-Sirup mit Eis im Shaker. Gießen Sie in ein Sektglas und füllen es mit Champagner.

Grüner Apfel - Tequini
Zutaten: Tequila, Apfel-Schnaps, Melonen Likör, Kalk
Schütteln Sie der Zutaten im Glas mit Eis mischen und dann anschließend in ein Cocktail Glas abseihen. Scheibe des grünen Apfels zum garnieren.

Mai Tai
Zutaten: Brauner Rum, brauner Rum 73 % Vol., Kalk, Triple Sec, weißer Rum
3cl Limettensaft, 3cl weißer Rum, 3cl braunen Rum, 1 cl Captain Morgan, 1cl Triple sec Shake auf Eis. Auf reichlich zerstoßenem Eis in ein Karibik-Glas gießen. Mit Cocktail Kirsche garnieren Sie, fügen Sie zwei Blätter Minze und einer Scheibe Limette.

Malibu - Jimmy
Zutaten: Limetten, Orangensaft, weißer Rum
Fügen Sie Malibu Jimmy - 1/2 Glas Orangensaft hinzu, 1/2 Glas Malibu. Mischen Sie gut und gießen Sie in ein Longdrinkglas mit Eiswürfel aus Orangensaft gemacht. Fügen Sie einen Spritzer Limettensaft und einem Strohhalm - und eine Malibu Jimmy (benannt nach seinem Schöpfer, den geschätzten Jimmy "Wine Merchant" Unwin)

Manhattan
Zutaten: Kanadischer Whisky, Vermouth Dry,
Eis, 4cl Canadian Whisky, 2cl trockener Wermut, 2 Spritzer Angostura Bitter. Rühren Sie in einem geeigneten Glas. In einem Martini-Glas gießen und mit eine grüne Olive und die Schale einer Zitrone dekorieren.

Margarita
Zutaten: Tequila, Triple Sec, Limette
Cocktail Glas mit Salz - Rim, in Boston -Shaker: 4cl Tequila, 2cl Triple Sec, 2cl Limettensaft, Eis.

Martini
Zutaten: Vermouth Dry, Gin
Rühren Sie Gin und Wermut (5:1) zusammen mit Eis in einem Mix Glas. Anschließend in ein gekühltes Martini Glas

ab seihen Sie und fügen Sie Oliven oder Zitrone schälen.

Mexikanische 55
Zutaten: Tequila, Zitronensaft, Champagner
Collins Glas gefüllt mit Eis, Zitrone 4cl Orangensaft, 2cl Zuckersirup, 4cl Tequila (Cuervo), Füllung mit Sekt (trocken).

Freche Eierlikör
Zutaten: Cognac, Eierlikör, Frangelico
Eierlikör mit Frangelico und Cognac

Nim es Spezialmischung
Zutaten: Brauner Rum 73 % Vol., Tequila, Wodka, Frangelico, Tabasco, Worcestersauce
Harte Treffer u

Northern Light
Zutaten: Champagner, Triple Sec, weißer Rum
2cl weißer Rum (zB. Bacardi), 2 cl Triple Sec in ein Glas Champagner. Mit kalten Champagner auffüllen. Fügen Sie einen Spritzer Orangensaft.

Ohio
Zutaten: Angostura Bitter, kanadischer Whisky, Cointreau, Vermouth Dry, Vermouth rot
Rühren Sie 2cl Canadian, 1cl Vermouth rot, 1cl Vermouth Dry, 1cl Cointreau und einem Schuss Angostura auf Eis. In ein Glas Champagner und füllen sich mit Champagner ab seihen.

Old Fashioned Whisky
Zutaten:, Soda, Scotch
Strich einige Angostura-Bitter auf einen Zuckerwürfel und steckte es in ein Whiskey Glas. Fügen Sie etwas Soda und Eis. Rühren Sie, bis der Zucker aufgelöst ist. 6cl Whisky oder Bourbon hinzufügen. Dekorieren: Scheibe Orange und Zitrone.

Paloma
Zutaten: Grapefruit-Saft, Lime, Tequila
2 oz Tequila, Pampelmusen Saft, 0,5 oz frischer

Limettensaft. Gießen Sie Inhaltsstoffe über Eis.
Scotch Sour
Zutaten: Scotch, Zitrone
Sehen Sie Whisky Sour zu, aber mit Scotch statt.
Schraubendreher
Zutaten:, Orangensaft
4cl in ein Longdrink-Glas mit Eis, mit Orangensaft auffüllen.
Sibirischer Blauer Nebel
Zutaten: Champagner, Gin, Lime, Scotch, Sprite, Tequila, weißen Rum, Wein, weiß, Wodka
Scotch, Sprite, Wodka, weißer Rum, Tequila, Gin, Weißwein, Kalk, Champagner. Blauen Farbstoff - Mischung schafft verschwommen Vision. Gefühl von Inhalten.
Beiwagen
Zutaten: Cognac, Cointreau, Zitrone
4cl Cognac, 2cl Cointreau, 2cl Zitronensaft Saft. Schütteln Sie es.
Slammer
Zutaten: Tequila, Kaffee-Likör (Kalua), Sprite
Stempel: 2cl Tequila, 1cl Kahlua, 1cl Sprite. Zu trinken, das Deckglas und bestempeln hart auf dem Tisch. Trinken Sie schnell.
Tequila Sunrise
Zutaten: Tequila, Orangensaft, Grenadine
Füllen Sie ein Collins Glas halb mit Eis, 4cl Tequila, Füllung mit Orangensaft hautnah, fügen Sie langsam 1cl oder 2cl Grenadine, so dass Sie den Sonnenaufgang an der Unterseite des Glases zu sehen.
Tequilini
Zutaten: Zitrone, Tequila, Vermouth Dry
2,5 oz Tequila, einige Tropfen trockener Wermut, 0,5 oz frischen Zitronensaft. Schütteln Sie der Zutaten im Glas mit Eis mischen und dann anschließend in ein Cocktail Glas ab seihen.

Tequilini Casa Noble
Zutaten: Mandeln, Amaretto, Orangensaft, Tequila
0,5 oz Tequila Casa Noble Reposado, 1 oz orange Saft und 1 Unze Amaretto. Zutaten im Glas mit Eis, außer Mandeln, Mischen schütteln dann anschließend in ein Cocktail Glas ab seihen. Tropfen Mandel im Glas.

Tequilini Melone Real
Zutaten: Kalk, Melonenlikör, Tequila
1 oz Tequila, Melonenlikör 1 oz. Zutaten im Glas mit Eis, außer Lime Twist, Mischen schütteln dann anschließend in ein Cocktail Glas ab seihen. Fügen Sie einen Zitrone-Twist.

Die blauen Cachaca
Zutaten: Cachaca (Pitu), Curacao blau, Zitrone, Triple Sec
Garnitur-Melone schälen Dekoration wie ein Adler. Es wurde geschüttelt und in ein Glas Pyramide gegossen werden.

Erbrechen
Zutaten: Bier, Bourbon, Eierlikör, Tabasco, Tia Maria, Worcester-Sauce
Macht Sie Erbrechen.

Whiskey Sour
Zutaten: Bourbon, Zitrone
Whiskey Glas mit Eis, 4cl Bourbon Whiskey, Orangensaft 2cl Zitronensaft, 1cl Zuckersirup. Mit einem langen Zitronenschale dekorieren.

White Russian
Zutaten: Kaffee Likör (Kalua), Milch, Wodka
Denken Sie daran, den Film "The Big Lebowsky"? Die Dude verwendet, um es zu trinken. In ein Whiskey Glas: 3cl der Kaffeelikör, 3cl Wodka, mit Milch auffüllen.

Fanny lecken Kuhmädchen
Zutaten: Bourbon, brauner Rum 73 % Vol., Gin, Grapefruit-Saft, Orangensaft, Southern Comfort, Sprite, Tequila, weißen Rum
sehr sehr dumme (Vorsicht)

Tropischen Eis am Stiel
Zutaten: Zitrone, Melonen Likör, Orangensaft, weißer Rum
Pineapplie schmeckt sehr erfrischend!

Zutaten Zubereitung Garnitur Glas

Black Russian 1 Unze Wodka umrühren gut mit Eis keine Rock
.25oz Kahlua
Bloody Mary 1,25 Unzen Wodka Übergießen Eis Zitrone & Sellerie Stick Rock hinzufügen
Tomatensaft- Sauce zuletzt Worcestershire- Sauce
Bull Shot 1,25 Unzen Wodka Übergießen Eis Zitrone Rock hinzufügen
Rindfleisch Bouillon Salz & Pfeffer und Sauce Worcestershire- Sauce
Harvey Wallbanger 1 Unze Wodka Wodka gießen und orange Kirsche & Orange Collins
.25oz Galliano über Eis und Galliano hinzufügen
3 Unzen Orangensaft
In The Pink 1,25 Unzen Wodka Shake mit Eis und Belastung & Orange Cherry Brandy Balloon
3oz Cranberry- Saft in Glas, hinzufügen soda
1oz Zitronensaft
5oz Sirup
Sodawasser
Lange Insel .25oz Wodka Gießen über Eis und fügen Sie Koks Zitronenscheibe & Aspirin Collins
.25oz Gin
.25oz weißer Rum
.25oz Tequila
.25oz triple Sec

5oz Zitronensaft
Koks
Martini 1,25 oz mit Eis und Stamm in Olive Cocktail Wodka umrühren
Trockener Wermut Glas Strich, Hauch von Zitrone hinzufügen
Moscow Mule 1,25 Unzen Wodka Übergießen Eis & rühren Zitronenscheibe Rock
Hauch von Kalk
Ingwer-Limonade
Schraube Treiber 1,25 Unzen Wodka Gießen über Eis & rühren Cherry & Orange Rock
Orangensaft
White Russian 1 Unze Wodka umrühren mit Eis keine Rock
.25oz Kahlua
.25oz Creme
Weiße Spinne 1 Unze Wodka umrühren mit Eis keine Rock
.25oz weiße Crème de Menthe

Zutaten garnieren Zubereitung

Allen Cocktails 2 oz Gin
1/2 oz Maraschino Likör
1/2 TL Zitrone Saft Zitrone Twist kombinieren Sie alle Zutaten in einen Shaker mit gestoßenem Eis und gut schütteln.
In ein gekühltes Cocktail Glas ab seihen.
Artillerie Cocktail 3 oz Gin
1 Unze süßen Wermut
Alle Zutaten in einen Shaker mit gestoßenem Eis und gut schütteln. In ein gekühltes Cocktail Glas ab seihen.
Verzweifelter Martini
3 oz Gin
1/2 oz trockener Wermut
1/2 oz Blackberry Brandy frische Brombeeren kombinieren

alle Zutaten in einen Shaker mit gestoßenem Eis und gut schütteln. In ein gekühltes Cocktail Glas ab seihen.

Knickerbocker

3 oz Gin

1 oz trockener Wermut

1/2 TL süßer Wermut Lemon Twist Cocktail Glas.

London-Martini

3 oz Gin

1/2 TL Maraschino Likör

3 bis 5 Striche orange bitter

1/2 TL Bar Zucker Lemon Twist Cocktail Glas.

Martini 3 oz Gin

1/2 oz trockener Wermut Cocktail Oliven Cocktail Glas.

Der Octopus Garden

3 Unzen Gin

1 oz trockener Wermut geräucherte kleine Tintenfische schwarze Oliven (entsteint) Cocktail Glas.

Paisley Martini

3 oz Gin

1/2 TL trockener Wermut

1/2 TL Scotch Cocktail Oliven Cocktail Glas.

Queen Elizabeth Martini

3 Unzen Gin

1/2 oz trockener Wermut

2 TL Benediktiner

Cocktail Glas.

Russische Martini

2 oz Wodka

2 Unzen Gin

1/2 oz weiße Schokoladenlikör

Cocktail Glas.

Siebten Himmel

3 Unzen Gin

1/2 oz Maraschino Likör

1/2 oz Grapefruit Saft Minze sprig Cocktail Glas.

Dirty Martini
3 Unzen gin
1 oz trockener Wermut
1/2 oz Olivenöl Sole Cocktail Oliven alle Zutaten in einen Shaker mit gestoßenem Eis und gut schütteln. In ein gekühltes Cocktail Glas ab seihen.

Hollywood Martini
3 oz Gin
1/2 oz Goldwasser
1/2 oz trockener Wermut Blauschimmelkäse gefüllte Oliven Cocktail Glas.

James Bond Martini
3 oz Gin
1 Unze Wodka
1/2 oz Lillet Blanc Lemon Twist Cocktail Glas.

Bumerang Martini
3 oz Gin
1 Spritzer Angostura Bitter
1 oz trockener Wermut
1 Dash Maraschino Likör Kiwi Scheibe alle Zutaten in einem Rührglas mit Eiswürfeln und rühren. In ein gekühltes Cocktail Glas ab seihen.

Christmas Martini
3 oz Gin
1/2 oz trockener Wermut
1 TL Pfefferminz Schnaps Miniatur Zuckerstange alle Zutaten in einen Shaker mit gestoßenem Eis und gut schütteln. In ein gekühltes Cocktail Glas ab seihen.

Golf Martini
4 oz Gin
3 bis 5 Striche Angostura Bitter
1 oz trockener Wermut Cocktail Oliven alle Zutaten in einen Shaker mit gestoßenem Eis und gut schütteln. In ein gekühltes Cocktail Glas ab seihen.

Nackte Martini

3 oz Gin Cocktail Oliven Cocktail Glas.
Alptraum 3 Unzen Gin
1 Unze Wein aus Madeira
1 oz Cherry Brandy Orange Twist Cocktail Glas.

Rolls-Royce
3 Unzen Gin
1 oz trockener Wermut
1 Unze süßen Wermut
1/4 TL Benediktiner
Cocktail Glas.

Silver Streak
3 oz Gin
1 1/2 oz Jägermeister Lemon Twist Cocktail Glas.
Ulanda 2 oz Gin
1 oz Triple Sec
1 El Pernod
Cocktail Glas.

Saketini
3 oz Gin
1/2 oz Willen eingelegtem Ingwer – Cocktail - Glas.

Opal Martini
3 oz Gin
1/2 oz Triple Sec
1 oz orange Saft
1/4 TL Bar Zucker
Cocktail Glas.

Negroni
2 oz Gin
1 oz Campari
1/2 oz süßen Wermut Orange Twist Cocktail Glas.

Zutaten Zubereitung

Erdferkel
1/3 oz Parfait Amour
1/3 oz Tia Maria
1/3 oz Sahne Schicht Zutaten in ein Shot Glas.

African Violet
1/2 oz grüne Crème De menthe
1/2 oz Frangelico Schicht Zutaten in ein Shot Glas.

69er 1/3 oz Crème de banane
1/3 oz weiße Creme De cacao
1/3 oz irische Creme Schicht Zutaten in ein Shot Glas.

Apokalypse
jetzt 1/3 oz Irish cream
1/3 oz tequila
1/3 oz trockener Wermut alle Zutaten in einen Shaker mit gestoßenem Eis und gut schütteln. In ein Shot- Glas ab seihen.

B-51
1/3 oz Kahlua
1/3 oz Irish cream
1/3 oz Cointreau Schicht Zutaten in ein Shot Glas.

B-52-1/3 oz Kahlua
1/3 oz Irish cream
1/3 oz Grand Marnier Schicht Zutaten in ein Shot Glas.

Bachelor Überraschung
1/3 oz Kahlua
1/3 oz weiße Creme De cacao
1/3 oz südlichen Komfortschicht Zutaten in ein Shot Glas.

Banana Bliss
3/4 oz Crème de Banane
1/4 oz Cognac Schicht Zutaten in ein Shot Glas.

Big Ben
1/3 oz Crème de Banane
1/3 oz Irish cream
1/3 oz Brandy Schicht Zutaten in ein Shot Glas.

Bikini
1/3 oz Erdbeer-Likör
1/3 oz Grand Marnier
1/3 oz Wodka Schicht Zutaten in ein Shot Glas.

Blow Job
1/2 oz Kahlua
1/2 oz Pfefferminz Schnaps
Garnieren: Schlagsahne Sahne Schicht Zutaten in ein Shot Glas.

Mutige Bull
1/2 oz Kahlua
1/2 oz Tequila alle Zutaten in einen Shaker mit gestoßenem Eis und gut schütteln. In ein Shot- Glas ab seihen.

Weihnachten Hug
1/3 oz Parfait Amour
1/3 oz Cherry brandy
1/3 oz irische Creme Schicht Zutaten in ein Shot Glas.

Koma
1/3 oz Kahlua
1/3 oz Crème de Banane
1/3 oz Anisette Schicht Zutaten in ein Shot Glas.
DOA 1/3 oz Parfait Amour
1/3 oz Anisette
1/3 oz Tequila alle Zutaten in einen Shaker mit gestoßenem Eis und gut schütteln. In ein Shot- Glas ab seihen.

Elektrische Banane
1/2 oz Tequila
1/2 oz Crème de Banane alle Zutaten in einen Shaker mit gestoßenem Eis und gut schütteln. In ein Shot- Glas ab seihen.

Fender Bender
1/2 oz Pfirsich Schnaps
1/2 oz Chartreuse alle Zutaten in einen Shaker mit gestoßenem Eis und gut schütteln. In ein Shot- Glas ab seihen.

Grey Matter
1/2 oz weiße Creme De cacao
1/2 oz Ouzo alle Zutaten in einen Shaker mit gestoßenem Eis und gut schütteln. In ein Shot- Glas ab seihen.

Irische Affe
1/3 oz Kahlua
1/3 oz Irish cream
1/3 oz Crème de Banane alle Zutaten in einen Shaker mit gestoßenem Eis und gut schütteln. In ein Shot- Glas ab seihen.

Ko-Cane
1/3 oz Kahlua
1/3 oz Amaretto
1/3 oz Tequila Schicht Zutaten in ein Shot Glas.

Mexikanische Rakete
1/4 oz Wodka
1/4 oz Tequila
1/4 oz Lime cordial
1/4 oz Sodawasser alle Zutaten in einen Shaker mit gestoßenem Eis und gut schütteln. In ein Shot- Glas ab seihen.

Nut Cracker
1/3 oz Melonen Likör
1/3 oz Frangelico
1/3 oz Irish Cream alle Zutaten in einen Shaker mit gestoßenem Eis und gut schütteln. In ein Shot- Glas ab seihen.

Rigor Mortis
1/3 oz Kahlua
1/3 oz Irish cream
1/3 oz Bourbon Schicht Zutaten in ein Shot Glas.

Sex am Strand
1/3 oz Crème de Banane
1/3 oz weiße Creme De cacao
1/3 oz irische Creme Schicht Zutaten in ein Shot Glas.

Rutschige Nippel
1/3 oz Anisette
1/3 oz Pfefferminz Schnaps
1/3 oz Irish Cream alle Zutaten in einen Shaker mit gestoßenem Eis und gut schütteln. In ein Shot- Glas ab seihen.

Schlange beißen
4/5 oz Yukon Jack
1/5 oz Limettensaft alle Zutaten in einen Shaker mit gestoßenem Eis und gut schütteln. In ein Shot- Glas ab seihen.

T und T
1/3 oz Amaretto
1/3 oz Irish cream
1/3 oz Grand Marnier alle Zutaten in einen Shaker mit gestoßenem Eis und gut schütteln. In ein Shot- Glas ab seihen.

Test-Tube Baby
2/5 oz Kahlua
2/5 oz Anisette
1/5 oz Sahne Schicht Zutaten in ein Shot Glas.

Twister
1/3 oz Wodka
1/3 oz Ouzo
1/3 oz Cherry Brandy alle Zutaten in einen Shaker mit gestoßenem Eis und gut schütteln. In ein Shot-Glas abseihen.

Reißverschluss-Dropper
1/3 oz Kahlua
1/3 oz weiße Creme De cacao
1/3 oz weiße Crème De Menthe alle Zutaten in einen Shaker mit gestoßenem Eis und gut schütteln. In ein Shot- Glas ab seihen.

Zutaten Zubereitung Garnitur Glas

Black Velvet
 3 Unzen in Glas und rühren keine Tulpe Champagner gießen
3 Unzen Guiness

Bucks Fizz
3 Unzen Champagner Pour in Glas und rühren Sie Orange Champagner Untertasse
3 Unzen Orangensaft

Champagner Cocktails

Champagner Cognac,
Zucker, Bitter Lemon Twist Champagner Untertasse
Hauch von Cognac zu füllen mit Champagner
1 Würfelzucker
3 Tropfen bitter

Kir Royale
5 Unzen in Glas und rühren keine Tulpe Champagner gießen
.33oz Crème de Cassis

GLÜHWEIN

1/2 Tasse Zucker
2 Tassen Wasser
1 frische Orange (mit Schale aber ohne Kerne)
Ein paar Nelken (Stick durch Orangenschale)
4 Zimtstangen
1 Zitrone (nur Schale)
1 Flasche Standard Rotwein
Mischen Sie zusammen und ruhen über Nacht (oder 18 Stunden)Fügen Sie eine Unze von Brandy
Ab seihen und noch warm servieren. Zutaten für ca. 8-10 Personen.

Zutaten Zubereitung garnieren

Daiquiri
1,25 oz Rum Shake mit Eis Red Cherry Cocktail
1oz Zitronensaft
Hauch von Sirup
Mai Tai
1oz weißer Rum Shake mit Eis Kirsche & orange Collins
.25oz dark Rum hinzufügen curacao
Dash Orange
curacao
2oz Ananassaft
2oz Orangensaft
Pina Colada
1,25 oz Rum Blend mit Eis Würfel Cherry & Ananas Collins
4 Unzen Ananassaft
1 TL Kokoscreme
Planter's Punch
1,25 oz Rum Übergießen Eis und Top Cherry & orange Collins
2oz Orangensaft mit Ginger Ale
5oz Zitronensaft
2oz Ananassaft
Schuss grenadine
Ginger Ale
Zombie
1oz weißer Rum Shake mit Eis Kirsche & orange Collins
.25oz dunkler Rum
Dash Orange curacao
2oz Ananassaft
2oz Orangensaft
5oz Zitronensaft

ENGLISCH

SHOOTERS AND COCKTAILS LIST

SHOOTERS

B52
Kahlua
Baileys
Cointreau

HELL RAISER
Strawberry Liqueur
Midori
Sambuca

ANABOLIC STEROIDS
Midori
Blue Curacao
Cointreau

ANGEL TIP
White Crème de cacao
Baileys

AFTER EIGHT
Kahlua
Crème de monthe
Baileys

SLIPPERY NIPPLE
30ml Sambuca
15ml Baileys

SHAMROCK
White Crème de cacao
Crème de monthe
Baileys

CANDY CANE
Grenadine
Crème de monthe
Vodka

MICHELLE'S RUSH

Kahlua
Baileys
Barcardi
MARNIE AND CAM (Leather and Lace)
Kahlua
Vodka
Baileys
OKANAGON
Blue Caraco
Strawberry Liqueur
Malibu
MONKEY'S PUNCH
Kahlua
Crème de monthe
Baileys
VIEWBANK ORGASM
Baileys
Cointreau

COCKTAILS

LIQUID ECSTASY
30ml Midori
15ml Barcardi
15ml Blue Caraco
15ml Lemon Juice
60ml Pineapple Juice
(shake and strain)
BLACK RUSSIAN
30ml Vodka
30ml Kahlua
(build over ice)
BLUE HAWAII
30ml Barcardi
30ml Blue Caraca

60ml Pineapple Juice
30ml Sugar Syrup
30ml Lemon Juice
(blend over ice and pour)

GOLDEN "WOOF" MACHINE
30ml Galliano
30ml White Crème de cacao
30ml Cream
(shake over ice and strain)

GOLDEN DREAM
30ml Galliano
15ml Cointreau
30ml Orange Juice
30ml Cream
(shake over ice and strain)

GRASS HOPPER
30ml Crème de monthe
30ml White Crème de cacao
30-60ml Cream
(shake over ice and strain)

RAZZA WALLBANGER
30ml Vodka
15ml Galliano
120ml Orange Juice
(build over ice)

"CAM"IKAZE
30ml Vodka
30ml Cointreau
30ml Lemon Juice
5ml Lime cordial
(shake over ice and strain)

FLAMING LAMBORGHINI
30ml Kahlua
30ml Cointreau
30ml Sambuca

Cream
(build, light up, blow out and pour cream over)

PINA CARINA
30ml Barcardi
30ml Cream
30ml Malibu
120ml Pineapple Juice
(shake over ice and strain)

JACQUI SPICE
45ml Midori
30ml Malibu
30ml Pineapple Juice
15ml Cream
(shake over ice and strain)

SMOOTH JEREMY
30ml Midori
15ml Kahlua
70ml Pineapple Juice
30ml Cream
30ml Coconut Cream
(shake over ice and strain)

ADGE'S AVALANCHE
30ml Cointreau
30ml Kahlua
30ml Orange Juice
50ml Cream
(shake and strain)

BOJUN'S COCONUT CREAM
30ml Baileys
15ml Malibu
60ml Orange Juice
30ml Cream
Dash of Grenadine
(mix in this order)

CAREBEAR HUG

30ml Baileys
15ml Vodka
60ml Cream
(shake and strain)

BLUE SEAS
15ml Galliano
30ml Blue Caraco
10ml Crème de monthe
(pour over ice and top with lemonade)

DESERT ISLAND
30ml Barcardi
45ml Midori
60ml Pineapple Juice
(shake, strain and top with cream)

FORTUNE TELLER
30ml Barcardi
15ml Cointreau
15ml Galliano
30ml Lemon Juice
Dash of Sugar syrup
(shake and strain)

FRENCH "ENIS" KISS
30ml Cointreau
15ml Galliano
30ml Kahlua
60ml Cream
(top mixed ingredients with Galliano, and flame)

FLYING HIGH
30ml Baileys
30ml Cointreau
15ml Galliano
(pour over ice)

GREEN DRAGON
40ml Midori
10ml Lemon Juice

(then add in shaker, 15ml Galliano, 30ml Cream, shake and strain on top of Midori and Lemon Juice)

MARNIE'S MOUTH
30ml Cointreau
45ml Midori
10ml Lemon Juice
15ml Orange Juice
15ml Pineapple Juice
Grenadine
(blend until frozen with scoop of ice, pour Grenadine into bottom of glass, pour ingredients on top)

ITALIAN STALLION
30ml Galliano
30ml Sambuca
60ml Cream
(shake and strain)

SANDY'S SLIPPER
30ml Midori
30ml Cointreau
30ml Lemon Juice
(shake over ice and strain)

MIDORI COOP
30ml Midori
30ml White Crème de cacao
45ml Cream
(shake and strain)

BEN'S MAGIC
60ml Midori
15ml Cointreau
60ml Cream
(shake over ice and strain)

BLAYNER'S BALL
45ml Midori
30ml Vodka
60ml Pineapple Juice

60ml Orange Juice
(shake and strain)

PETE'S PARADISE
45ml Cointreau
45ml Midori
30ml Pineapple Juice
10ml Lemon Juice
(shake over ice and strain)

SHAGGIN' SHANE
30ml Strawberry Liqueur
30ml Galliano
30ml Lemon Juice
30ml Orange Juice
(shake and strain)

CYCLONE MARK
30ml Blue Curacao
30ml Midori
15ml Cointreau
(top with pineapple juice and build with ice)

ILLUSION
30ml Midori
15ml Cointreau
15ml Vodka
45ml Pineapple Juice
(shake over ice and strain)

Cocktails

Apple Cocktail
Ingredients: Almond, Amaretto, Apple Schnaps, Coffee Liquer (Kalua), Lime, Orange Juice, Pineapple Juice
Apple cocktail

Black Russian
Ingredients: Vodka, Coffee Liquer (Kalua)
Stir 4cl vodka with 2cl coffee liqueur into a whiskey glass.

Add ice.

Bloody Mary
Ingredients: , Worcester Sauce, Tabasco, Tomato Juice, Lemon

4cl Vodka, 1cl lemon juice, salt, 1 dash of Worcestersauce, 1 dash of Tabasco, black pepper, 10cl tomato juice in shaker. Shake well and pour it in a cocktail glass filled with some ice.

Blue Angel
Ingredients: Curacao Blue, Champagner

2cl Curacao Blue into a champagner glass. Fill up with champagner.

Brave Bull
Ingredients: Tequila, Coffee Liquer (Kalua)

Stamper: 1cl Tequila, 1cl Kalua.

Caipirinha
Ingredients: Lemon, Cachaca (Pitu)

Put 2 lemons in eighth cutted into a whiskey glass and mash them. 2 tea-spoons of brown sugar, 4 cl Cachaca (Pitu), fill up with crushed ice.

Casablanca
Ingredients: , Eggnog, Lemon, Orange Juice

3cl Vodka, 2cl egg liqueur (Eierlikoer), 2cl lemon juice, 4cl orange juice with ice in shaker, shake well and pour in a collins glass filled with ice. Drinking straw.

Cosmoquila
Ingredients: Cointreau, Lime, Tequila

2 oz Casa Noble Tequila Crystal or Gold, 1 oz Cointreau, 0.5 oz Fresh Lime Juice. Shake ingredients in mixing glass with ice, then strain into a cocktail glass.

Cou Cou Comber
Ingredients: , Lemon, Pastis

4cl Vodka, 2cl lemon juics, two dashed of Pastis (eg. Pernod) and two dashed of sugar sirup into a shaker. Get a half cucumber, hollow it out and pour the well shaked drink into the cucumber. Drink it with a straw.

Cuba Libre
Ingredients: Lime, Brown Rum, Coca Cola
Dash of lime juice, 4cl rum into a long drink glass filled with ice. Add a slice of lime and fill up with Coca-Cola. Serve with a drinking straw.

Daiquiri, brown
Ingredients: Brown Rum, Lime
4cl brown rum (Havana Club), 2cl lime juice, 1cl sugar syrup, with Ice in shaker.

Daiquiri, white
Ingredients: White Rum, Lime
4cl white rum (Havana Club), 2cl lime juice, 1cl sugar syrup, with Ice in shaker.

Duc and Hugos wild party mix
Ingredients: Vodka, Tequila, Coca Cola
Mix tequila with vodka with cola. Add cola ice-cubes and stir. Add a squeeze of lemon a pinch of sugar and a straw, and enjoy like Duc and Hugo 'Faggers' Fagandini on their wild nights out on the town. They were wild, I can tell you! :D

Feelin blue
Ingredients: Curacao Blue, Lime, Vodka
great taste, dont drink too much though

French 75
Ingredients: Gin, Lemon, Grenadine, Champagne
3cl Gin, 2cl lemon juice, grenadine syrup with ice in shaker. Pour in a champagne glass and fill up with champagne.

Green Apple Tequini
Ingredients: Tequila, Apple Schnaps, Melon Liqueur, Lime
Shake ingredients in mixing glass with ice, then strain into a cocktail glass. Slice of Green Apple for garnish.

Mai Tai
Ingredients: Brown Rum, Brown Rum 73% vol., Lime,

Triple Sec, White Rum
3cl lime juice, 3cl white rum, 3cl brown rum, 1cl Captain Morgan, 1cl Triple Sec. Shake on ice. Pour on plenty of crushed ice into a carribean glass. Garnish with cocktail cherry, add two leaves of mint and a slice of lime.

Malibu Jimmy
Ingredients: Lime, Orange Juice, White Rum
Malibu Jimmy - Add 1/2 a glass of Malibu to 1/2 a glass of Orange Juice. Mix well, and pour into a tall glass with ice cubes made from orange juice. add a squeeze of lime juice, and a straw - and thats a Malibu Jimmy (Named after its creator, the esteemed Jimmy 'Wine Merchant' Unwin)

Manhattan
Ingredients: Canadian Whisky, Vermouth Dry,
Ice, 4cl Canadian Whisky, 2cl dry vermouth, 2 dashes of Angostura Bitter. Stir in a suitable glass. Pour it in a martini glass and decorate with a green olive and the peel of a lemon.

Margarita
Ingredients: Tequila, Triple Sec, Lime
Cocktail glass with salt-rim, in shaker: 4cl tequila, 2cl Triple Sec, 2cl lime juice, Ice.

Martini
Ingredients: Vermouth Dry, Gin
Stir gin and vermouth (5:1) together with ice in a mixing glass. Strain into a cooled martini glass and add olive or lemon peel.

Mexican 55
Ingredients: Tequila, Lemon, Champagne
Collins glass filled with Ice, 4cl tequila (Cuervo), 4cl lemon juice, 2cl sugar syrup, fill up with (dry) champagne.

Naughty eggnog
Ingredients: Cognac, Eggnog, Frangelico
eggnog with frangelico and cognac

Nim's Special Mix

Ingredients: Brown Rum 73% vol., Frangelico, Tabasco, Tequila, Vodka, Worcester Sauce
Hits u hard

Northern Light
Ingredients: Champagner, Triple Sec, White Rum
2cl white rum (eg. Bacardi), 2cl Triple Sec into a champagner glass. Fill up with cold champagner. Add a dash of orange juice.

Ohio
Ingredients: Angustora Bitter, Canadian Whisky, Cointreau, Vermouth Dry, Vermouth Red
Stir 2cl Canadian, 1cl Vermouth Red, 1cl Vermouth Dry, 1cl Cointreau and a dash Angustora on ice. Strain into a champagner glass and fill up with champagner.

Old Fashioned Whisky
Ingredients: , Soda, Scotch
Dash some Angostura-Bitter on a sugar cube and put it in a whiskey glass. Add some soda and ice. Stir until the sugar is dissolved. Add 6cl whisky or bourbon. Decorate: Slice of orange- and lemon.

Paloma
Ingredients: Grapefruit juice, Lime, Tequila
2 oz tequila, fresh grapefruit juice, 0.5 oz fresh lime juice. Pour ingredients over ice.

Scotch Sour
Ingredients: Scotch, Lemon
See Whisky Sour, but use Scotch instead.

Screw Driver
Ingredients: , Orange Juice
4cl into a long drink glass with ice, fill up with orange juice.

Siberian blue mist
Ingredients: Champagner, Gin, Lime, Scotch, Sprite, Tequila, White Rum, Wine, white, Vodka
scotch, sprite, vodka, white rum, tequila, gin, white wine,

lime, champagne. Blue colouring agent - mixture creates hazy vision. Feeling of content.

Sidecar
Ingredients: Cognac, Cointreau, Lemon
4cl Cognac, 2cl Cointreau, 2cl lemon juice. Shake it.

Slammer
Ingredients: Tequila, Coffee Liquer (Kalua), Sprite
Stamper: 2cl tequila, 1cl Kahlua, 1cl Sprite. To drink, cover the glass and stamp it hard on the table. Drink quickly.

Tequila Sunrise
Ingredients: Tequila, Orange Juice, Grenadine
Fill a collins glass half with ice, 4cl tequila, fill close up with orange juice, add slowly 1cl or 2cl Grenadine , so that you can see the sunrise at the bottom of the glass.

Tequilini
Ingredients: Lemon, Tequila, Vermouth Dry
2.5 oz tequila, few drops of dry vermouth, 0.5 oz fresh lemon juice. Shake ingredients in mixing glass with ice, then strain into a cocktail glass.

Tequilini Casa Noble
Ingredients: Almond, Amaretto, Orange Juice, Tequila
0.5 oz Tequila Casa Noble Reposado, 1 oz orange juice, 1 oz Amaretto. Shake ingredients in mixing glass with ice, except almond, then strain into a cocktail glass. Drop almond in glass.

Tequilini Melon Real
Ingredients: Lime, Melon Liqueur, Tequila
1 oz tequila, 1 oz melon liqueur. Shake ingredients in mixing glass with ice, except lime twist, then strain into a cocktail glass. Add a lemon twist.

The blue Cachaca
Ingredients: Cachaca (Pitu), Curacao Blue, Lemon, Triple Sec
Garnish-Melon peel decoration as an eagle. It has to be shaken and poured into a pyramid glass.

Vomit
Ingredients: Beer, Bourbon, Eggnog, , Tabasco, Tia Maria, Worcester Sauce
Makes you vomit.

Whiskey Sour
Ingredients: Bourbon, Lemon
Whiskey glass with ice, 4cl bourbon whiskey, 2cl lemon juice, 1cl sugar syrup. Decorate with a long lemon peel.

White Russian
Ingredients: Coffee Liquer (Kalua), Milk, Vodka
Remember the movie 'The Big Lebowsky'? The Dude used to drink it. Into a Whiskey glass: 3cl of Coffee Liqueur, 3cl of Vodka, fill up with milk.

Fanny licking cow girl
Ingredients: Bourbon, Brown Rum 73% vol., Gin, Grapefruit juice, Orange Juice, Southern Comfort, Sprite, Tequila, White Rum
very very silly (be careful)

Tropical Popsicle
Ingredients: Lemon, Melon Liqueur, Orange Juice, White Rum
tastes pineapplie....very refreshing!

Name	Ingredients	Preparation	Garnish	Glass
Black Russian	1oz Vodka .25oz Kahlua	Stir well with ice	None	Rock
Bloody Mary	1.25oz Vodka Tomato Juice Worcestershire sauce	Pour over ice adding sauce last	Lemon & Celery Stick	Rock
Bull Shot	1.25oz Vodka	Pour over ice adding	Lemon	

Rock
Beef Bouillon   salt & pepper and sauce
Worcestershire sauce

Harvey Wallbanger   1oz Vodka   Pour vodka and
orange Cherry & Orange   Collins
       .25oz Galliano   over ice and add Galliano

3oz Orange Juice

In The Pink   1.25oz Vodka   Shake with ice and strain
        Cherry & Orange   Brandy Balloon
        3oz Cranberry Juice   into glass, add soda

1oz Lemon Juice
.5oz Syrup
Soda Water

Long Island   .25oz Vodka   Pour over ice and add coke
        Lemon Slice & aspirin   Collins
        .25oz Gin
        .25oz White Rum
        .25oz Tequila
        .25oz Triple Sec
        .5oz Lemon Juice
        Coke

Martini   1.25oz Vodka   Stir with ice and strain into
        Olive   Cocktail
        Dash of Dry Vermouth   glass, add twist of
lemon

Moscow Mule   1.25oz Vodka   Pour over ice & stir
        Lemon slice   Rock
        Dash of lime

Ginger Beer

Name	Ingredients	Preparation	Garnish	Glass
Screw Driver & Orange	1.25oz Vodka Orange Juice	Pour over ice & stir	Cherry	Rock
White Russian	1oz Vodka .25oz Kahlua .25oz Cream	Stir with ice	None	Rock
White Spider	1oz Vodka .25oz White Crème de Menthe	Stir with ice	None	Rock

Name	Ingredients	Garnish	Preparation

Allen Cocktail 2 oz gin
1/2 oz maraschino liqueur
1/2 tsp lemon juice   Lemon Twist   Combine all ingredients in a cocktail shaker with cracked ice and shake well.
Strain into a chilled cocktail glass.

Artillery Cocktail 3 oz gin
1 oz sweet vermouth
    Combine all ingredients in a cocktail shaker with cracked ice and shake well. Strain into a chilled cocktail glass.

Desperate Martini 3 oz gin
1/2 oz dry vermouth
1/2 oz blackberry brandy   Fresh Blackberries
    Combine all ingredients in a cocktail shaker with cracked ice and shake well. Strain into a chilled cocktail glass.

Knickerbocker 3 oz gin
1 oz dry vermouth

1/2 tsp sweet vermouth   Lemon Twist   cocktail glass.

London Martini   3 oz gin
1/2 tsp maraschino liqueur
3 - 5 dashes orange bitters
1/2 tsp bar sugar   Lemon Twist   cocktail glass.

Martini   3 oz gin
1/2 oz dry vermouth   Cocktail Olive   cocktail glass.
Octopus's Garden   3 oz gin
1 oz dry vermouth   Smoked baby octopus   Black olive (pitted)   cocktail glass.

Paisley Martini   3 oz gin
1/2 tsp dry vermouth
1/2 tsp Scotch   cocktail olive   cocktail glass.

Queen Elizabeth Martini   3 oz gin
1/2 oz dry vermouth
2 tsp Benedictine
     cocktail glass.

Russian Martini   2 oz vodka
2 oz gin
1/2 oz white chocolate liqueur
     cocktail glass.

Seventh Heaven   3 oz gin
1/2 oz maraschino liqueur
1/2 oz grapefruit juice   mint sprig   cocktail glass.

Dirty Martini   3 oz gin
1 oz dry vermouth
1/2 oz olive brine   cocktail olive   Combine all ingredients in a cocktail shaker with cracked ice and shake

well. Strain into a chilled cocktail glass.

Hollywood Martini　3 oz gin
1/2 oz Goldwasser
1/2 oz dry vermouth　blue cheese stuffed olive　cocktail glass.

James Bond Martini　3 oz gin
1 oz vodka
1/2 oz Lillet blanc　Lemon Twist　cocktail glass.

Boomerang Martini　3 oz gin
1 dash Angostura bitters
1 oz dry vermouth
1 dash maraschino liqueur　kiwi slice　Combine all ingredients in a mixing glass with ice cubes and stir. Strain into a chilled cocktail glass.

Christmas Martini　3 oz gin
1/2 oz dry vermouth
1 tsp peppermint schnapps　miniature candy cane　Combine all ingredients in a cocktail shaker with cracked ice and shake well. Strain into a chilled cocktail glass.

Golf Martini　4 oz gin
3 - 5 dashes Angostura bitters
1 oz dry vermouth　cocktail olive　Combine all ingredients in a cocktail shaker with cracked ice and shake well. Strain into a chilled cocktail glass.

Naked Martini　3 oz gin　cocktail olive　cocktail glass.

Nightmare　3 oz gin
1 oz Madeira wine
1 oz cherry brandy　Orange Twist　cocktail glass.

Rolls Royce   3 oz gin
1 oz dry vermouth
1 oz sweet vermouth
1/4 tsp Benedictine
   cocktail glass.

Silver Streak   3 oz gin
1 1/2 oz Jagermeister   Lemon Twist   cocktail glass.
Ulanda   2 oz gin
1 oz Triple Sec
1 tbsp Pernod
   cocktail glass.

Saketini   3 oz gin
1/2 oz sake   Pickled Ginger   cocktail glass.
Opal Martini   3 oz gin
1/2 oz Triple Sec
1 oz orange juice
1/4 tsp bar sugar
   cocktail glass.

Negroni   2 oz gin
1 oz Campari
1/2 oz sweet vermouth   Orange Twist   cocktail glass.

Name Ingredients   Preparation

Aardvark   1/3 oz Parfait Amour
1/3 oz Tia Maria
1/3 oz cream   Layer ingredients in a shot glass.

African Violet   1/2 oz green crème de menthe
1/2 oz Frangelico   Layer ingredients in a shot glass.
69er   1/3 oz crème de banane

1/3 oz white crème de cacao
1/3 oz Irish cream   Layer ingredients in a shot glass.

Apocalypse Now   1/3 oz Irish cream
1/3 oz tequila
1/3 oz dry vermouth   Combine all ingredients in a cocktail shaker with cracked ice and shake well. Strain into a shot glass.

B-51   1/3 oz Kahlua
1/3 oz Irish cream
1/3 oz Cointreau   Layer ingredients in a shot glass.

B-52   1/3 oz Kahlua
1/3 oz Irish cream
1/3 oz Grand Marnier   Layer ingredients in a shot glass.

Bachelor's Surprise   1/3 oz Kahlua
1/3 oz white crème de cacao
1/3 oz Southern Comfort   Layer ingredients in a shot glass.

Banana Bliss   3/4 oz crème de banane
1/4 oz cognac Layer ingredients in a shot glass.

Big Ben   1/3 oz crème de banane
1/3 oz Irish cream
1/3 oz brandy Layer ingredients in a shot glass.

Bikini   1/3 oz strawberry liqueur
1/3 oz Grand Marnier
1/3 oz vodka   Layer ingredients in a shot glass.

Blow Job   1/2 oz Kahlua

1/2 oz peppermint schnapps
Garnish: whipped cream   Layer ingredients in a shot glass.

Brave Bull   1/2 oz Kahlua
1/2 oz tequila   Combine all ingredients in a cocktail shaker with cracked ice and shake well. Strain into a shot glass.

Christmas Hug   1/3 oz Parfait Amour
1/3 oz cherry brandy
1/3 oz Irish cream   Layer ingredients in a shot glass.

Coma 1/3 oz Kahlua
1/3 oz crème de banane
1/3 oz Anisette   Layer ingredients in a shot glass.

DOA 1/3 oz Parfait Amour
1/3 oz Anisette
1/3 oz tequila   Combine all ingredients in a cocktail shaker with cracked ice and shake well. Strain into a shot glass.

Electric Banana   1/2 oz tequila
1/2 oz crème de banane   Combine all ingredients in a cocktail shaker with cracked ice and shake well. Strain into a shot glass.

Fender Bender   1/2 oz peach schnapps
1/2 oz Chartreuse   Combine all ingredients in a cocktail shaker with cracked ice and shake well. Strain into a shot glass.

Grey Matter Scatter 1/2 oz white crème de cacao
1/2 oz Ouzo   Combine all ingredients in a cocktail shaker with cracked ice and shake well. Strain into a shot glass.

Irish Monkey   1/3 oz Kahlua
1/3 oz Irish cream
1/3 oz crème de banane   Combine all ingredients in a cocktail shaker with cracked ice and shake well. Strain into a shot glass.

Ko-cane   1/3 oz Kahlua
1/3 oz Amaretto
1/3 oz tequila   Layer ingredients in a shot glass.

Mexican Missile   1/4 oz vodka
1/4 oz tequila
1/4 oz lime cordial
1/4 oz soda water   Combine all ingredients in a cocktail shaker with cracked ice and shake well. Strain into a shot glass.

Nut Cracker   1/3 oz melon liqueur
1/3 oz Frangelico
1/3 oz Irish cream   Combine all ingredients in a cocktail shaker with cracked ice and shake well. Strain into a shot glass.

Rigor Mortis   1/3 oz Kahlua
1/3 oz Irish cream
1/3 oz Bourbon   Layer ingredients in a shot glass.

Sex on the Beach   1/3 oz crème de banane
1/3 oz white crème de cacao
1/3 oz Irish cream   Layer ingredients in a shot glass.

Slippery Nipple   1/3 oz Anisette
1/3 oz peppermint schnapps
1/3 oz Irish cream   Combine all ingredients in a cocktail shaker with cracked ice and shake well. Strain into a shot

glass.

Snake Bite   4/5 oz Yukon Jack
1/5 oz lime juice   Combine all ingredients in a cocktail shaker with cracked ice and shake well. Strain into a shot glass.
T and T   1/3 oz Amaretto
1/3 oz Irish cream
1/3 oz Grand Marnier   Combine all ingredients in a cocktail shaker with cracked ice and shake well. Strain into a shot glass.

Test Tube Baby   2/5 oz Kahlua
2/5 oz Anisette
1/5 oz cream   Layer ingredients in a shot glass.
Twister   1/3 oz vodka

1/3 oz Ouzo
1/3 oz cherry brandy   Combine all ingredients in a cocktail shaker with cracked ice and shake well. Strain into a shot glass.

Zipper Dropper   1/3 oz Kahlua
1/3 oz white crème de cacao
1/3 oz white crème de menthe   Combine all ingredients in a cocktail shaker with cracked ice and shake well. Strain into a shot glass.

Name	Ingredients	Preparation	Garnish	Glass
Black Velvet	3oz Champagne 3oz Guiness	Pour into glass and stir	None	Tulip
Bucks Fizz	3oz Champagne	Pour into glass and stir	Orange	Champagne saucer

...z Orange Juice

...apagne Cocktail　　　Champagne　　Cognac, sugar,
...ers Lemon Twist   Champagne saucer
　　　Dash of Cognac　　Fill with champagne

　　　1 lump sugar
　　　3 drops of bitters

Kir Royale　　5oz Champagne　　　　Pour into glass and stir
　　　None　Tulip
　　　.33oz Crème de Cassis

MULLED WINE

1/2 Cup of Sugar
2 Cups of Water
1 Fresh Orange (with peel but no pips)
A few cloves (stick through Orange peel)
4 Cinnamon Sticks
1 Lemon (peel only)
1 bottle of standard Red Wine

Mix together and rest overnight (or 18 hours)
Then add one ounce of Brandy

Strain and serve warm. Serves 8-10 people.

Name Ingredients   Preparation   Garnish   Glass

Daiquiri　　1.25 oz Rum　Shake well with ice　Red
Cherry Cocktail
　　　1oz Lemon juice
　　　Dash of syrup

Mai Tai   1oz White rum   Shake well with ice
    Cherry & orange   Collins
    .25oz Dark rum   Add curacao
    Dash Orange curacao
    2oz Pineapple juice
    2oz Orange juice

Pina Colada 1.25oz Rum   Blend with ice cubes   Cherry & pineapple   Collins
    4oz Pineapple juice
    1 Teaspoon Coconut cream

Planter's Punch   1.25oz Rum   Pour over ice and top
    Cherry & orange   Collins
    2oz Orange juice   with Ginger Ale

    .5oz Lemon juice
    2oz Pineapple juice
    Dash of grenadine
    Ginger Ale

Zombie   1oz White rum   Shake well with ice
    Cherry & orange   Collins
25oz Dark rum
Dash Orange curacao
2oz Pineapple juice
2oz Orange juice
5oz Lemon juice

Bibliografische Information der Deutschen Nationalbibliothek: Die Deutsche Nationalbibliothek verzeichnet diese Publikation in der Deutschen Nationalbibliografie; detaillierte bibliografische Daten sind im Internet über dnb.dnb.de abrufbar.

Herstellung und Verlag:
BoD – Books on Demand,
Norderstedt
ISBN 978-3-7412-5639-4

© 2016 H.von Bugenhagen